Jullien · Vom Wesen des Nackten

François Jullien

Vom Wesen des Nackten
Mit Photographien von Ralph Gibson

Aus dem Französischen von
Gernot Kamecke

sequenzia

Titel der französischen Originalausgabe:
De l'essence ou du nu
© 2000 Éditions du Seuil
© Ralph Gibson für die Photographien auf den Seiten 17–56
Übersetzt mit Unterstützung des
Ministère chargé de la Culture

ISBN 3-936488-05-3
© 2003 sequenzia Verlag, München
Druck: DruckPartner Rübelmann, Hemsbach
Umschlagphoto: Ralph Gibson
Umschlaggestaltung: Thomas Bechinger & Christoph Unger

Vorbemerkung des Übersetzers

Im Zentrum von François Julliens Buch *De l'essence ou du nu* steht ein Wortspiel, das um den französischen Begriff »le nu« kreist. »Le nu« bedeutet zum einen »das Nackte« als Zustandsbeschreibung des menschlichen Körpers und zum anderen »der Akt« als Kunstform. Der Autor bewegt sich stets zwischen diesen beiden Bedeutungen hin und her. Zum Beispiel beansprucht die ontologische Ausrichtung der Analyse des Nackten als einer Wesenskategorie des Menschen gerade den Rückgriff auf die Kunstform des Akts, in der das Nackte auf besondere Weise anschaulich wird. Zugleich führt die an einzelnen Kunstwerken ausgerichtete, ästhetische Analyse im zweiten Teil – die Untersuchung der (in China nicht existenten) Darstellungstechniken des nackten Körpers: der Modellform, der Pose usw. – auf die (spezifisch europäische) Fragestellung der Ontologie zurück.

Streng genommen müsste man »le nu« an den meisten Stellen mit »das Nackte im Akt« wiedergeben. Um jedoch den französischen Varianten »être nu« (nackt sein), »du nu« (Nacktes), »mise à nu« (Nacktwerden) usw. im Deutschen einigermaßen gerecht zu werden, wurde der Begriff »le nu« grundsätzlich mit »das Nackte« übersetzt. Die manchmal etwas eigentümlich klingenden Wendungen mögen dabei an das zugrunde liegende Wortspiel erinnern. Das Wort »Akt« wurde nur in den Fällen verwendet, in denen von bestimmten („großen") Kunstwerken und deren Tradition die Rede ist (Phidias, Botticelli usw.) oder bei denen es sich um feststehende Ausdrücke handelt: die Aktlehre, der photographische Akt, der männliche Akt usw.

Die Zitate der kleineren chinesischen Texte (vor allem aus dem Sammelband Zhongguo hualun leibian) wurden direkt aus dem Französischen übersetzt. Für die klassischen chinesischen (sowie alle europäischen) Texte wurde der Wortlaut der in der Bibliographie aufgeführten Übersetzungen (bzw. deutschen Originale) verwendet und an einigen Stellen angeglichen.

G. K.

Mit * gekennzeichnete Fußnoten im Buch sind Anmerkungen des Autors, die nummerierten Fußnoten sind Verweise und Anmerkungen des Übersetzers.

Yves Guillot besuchte mich in dem kleinen Arbeitszimmer, das dem Präsidenten des Collège international de philosophie in der obersten Etage der alten Ecole polytechnique reserviert ist, und zeigte mir einen Sammelband neuer Photographien von Ralph Gibson. Er bat mich, dafür ein Vorwort zu schreiben. Etwas verwundert über das Angebot blätterte ich das Album durch; und ich war erstaunt zu sehen, wie wenig sich die Aktphotographien, die in diesem Courant continu – *so lautete der Titel des Werks – über die Seiten verstreut waren, zusammenfügten. Ich fand hier etwas, das ein wesentliches Merkmal des Nackten ist: seine Einbruchskraft.*
Diese einbrechende Gewalt des Nackten erscheint mir umso stärker, wenn ich sie ausgehend von meiner Erfahrung als Sinologe betrachte. Nicht nur findet man keine Akte in der chinesischen Tradition, viel grundlegender: Alles in ihr drückt die Unmöglichkeit *des Nackten aus. Demgegenüber erscheint das Nackte, auf das wir den gleichgültigen Blick des Museumsbesuchers richten, wie eine Offenbarung: Eine Offenbarung der Tradition der europäischen Kunst seit den Griechen, von der Bildhauerei über die Malerei bis zur Photographie, sowie eine Offenbarung dessen, was für uns die Arbeit des Denkens ausgemacht hat. Das Nackte ist ein Paradigma für die Kultur des »Okzidents«. Es*

bringt die Prämissen, die unsere *Philosophie begründet haben, ans Tageslicht. Es ist die Frage des Wesens (der Essenz), der »Sache selbst«, die durch das Nackte gestellt wird und deren Geschichte es zurückhält. Im Modus der absoluten Unmittelbarkeit – des Frontalen – des unmittelbar Wahrnehmbaren, stellt es, sich vor uns öffnend, die Möglichkeit der Ontologie selbst auf die Probe.*

Die Geschichte des Seins

Zur Ontologie des Nackten in der Photographie

I. Was man gewöhnlich über die Sublimierung in der Kunst sagt, erschien mir immer schon falsch oder zumindest unzureichend. Und das hat zunächst mit dem Gegenstand zu tun, den sie offenbar an erster Stelle in Anspruch nahm: das Nackte.

Auf der Halbinsel Knidos, dem anderen Kythera. In den Gärten des Heiligtums, berichtet uns ein Zeuge der Alten, befand sich die Venus des Praxiteles, umringt von Bäumen kostbarster Früchte der seltensten Art, unter die sich Weintrauben mischten. In der kühlen Kapelle ausgestellt, verlangte sie den Besuchern so wenig Zurückhaltung ab, dass einer von ihnen, nach Auskunft des Doxographen, auf den Sockel sprang und mit seinen Armen den Körper der Statue umschlang. Sie bot dort all diese Früchte an und alle waren erlaubt. Als *Venus naturalis* lehrte sie uns, dass es keine ästhetische Zurückhaltung gibt – unser Begriff der »Ästhetik« ist trügerisch. Das Gleiche geschieht bei einer Photographie von Gibson, wenn eine Männerhand über die vollkommene Rundung der Hüfte streicht: Sie berührt die Haut mit der Sanftheit, aber auch mit der Gewalt des Besitzergreifens.

Das Begehren würde also nicht durch irgendeine Alchimie der Kunst, die dieses annehmbarer machte, umgeformt oder verwandelt; anders gesagt, das Argument der Idealisierung reicht nicht aus. Denn hier zeigt die Photographie gerade das Begehrenswerteste – oder besser: *das* Begehrenswerte an sich –, sie stellt sein Objekt dar, erfasst sein An-sich-Sein, spricht von seinem Wesen; und ihre Kraft kommt genau aus dem, was sie am vollständigsten darbietet; ohne jede Zurückhaltung *stellt sie es zur Schau*. Auf unübertreffliche Weise, in einem Modus, der absolut wird. Zusammenfassend gesagt, resultiert die Kraft der Photographie daraus, dass sie uns etwas Unüberschreitbares zeigt, wofür es kein Jenseits mehr gibt. Das Wahrnehmbare, und damit auch das Begehren, erreicht hier seine Grenze, seinen Haltepunkt, sein Absolutes.

Wir können uns für alles ein Jenseits vorstellen: für eine Landschaft, einen Horizont, die Welt, die Wolken. Wir können uns immer weiter denken, in weitere Welten oder Hinterwelten hinein. Aber es gibt kein Jenseits des Nackten. »Hier fängst du an und hier hörst du auf«: Die Wirklichkeit endet dort, an diesem Schwung der Hüfte, an dieser Pore der Haut – und zwar ohne Vorwarnung; es gibt nichts nach dem Nackten. Keine weitere Projektionsfläche, alle Schichten sind zurückgezogen, keine ist mehr wegzunehmen; die Wahrnehmung kann nicht dahinter gelangen, mehr entblättern, sich zurückversetzen.

Ein Extrem ist erreicht. Nicht in weiter Ferne, sondern hier selbst.

Man ist *unmittelbar* am Ziel.

Die Erotik wird also nicht verabschiedet, noch weniger verleugnet und nicht einmal zurückgewiesen: Sie wird schlicht gestrichen. Das Begehren wird zur gleichen Zeit hervorgerufen und angehalten. Ein »So ist es« wird erreicht, das endgültig ist und dem Begehren nicht erlaubt, tiefer zu bohren.

II. Der Taumel des Nackten bestünde also zunächst darin, dass es uns auf der Stelle treten ließe, uns die Unbeweglichkeit der Wesenheiten aufzwänge – den »Himmel«, sicherlich, allerdings einen plötzlich stillstehenden. Wir sind verurteilt, nichts mehr zu erwarten und nicht mehr vorangehen zu können. Alles ist da, endgültig. Das Wort selbst sagt es im Übrigen schon, so kurz wie definitiv, das direkteste aber perfekte Wort: »Du bist nackt«, die vollendete Feststellung. Oder in die Befehlsform versetzt, gleich einer Gewehrsalve: »Ich – will – dich – nackt!« Ohne Kommentar – es gibt nichts mehr hinzuzufügen und auch nichts zurückzunehmen. Denn man weiß sehr wohl, dass Sätze dieser Art nicht mit den anderen, gewöhnlichen Sätzen kommunizieren (alle anderen Sätze sind gewöhnlich), dass sie mit diesen nicht einmal zusammentreffen und dass es kein gemeinsames Maß für sie gibt.

So hat sich Gibson mit seiner Entscheidung, Aktphotographien in sein *Courant continu* aufzunehmen, auch dafür entschieden, das Nichtmitteilbare mitzuteilen, das Unverknüpfbare zu verknüpfen. Denn er kann sich alle Mühe geben, sie mit den anderen Photographien zu vermengen, sie zwischen den Straßen, den Gesten, den Dingen und Gesichtern spazieren zu führen, die Akte widerstehen der Einordnung. So eingebunden das Nackte in dieser »Abfolge« [courant] auch sein mag, es schafft jedes Mal ein Ereignis, es bleibt getrennt. Das Nackte ereignet sich jedes Mal, als wäre es selbst das erste; es lässt sich niemals vollständig aufnehmen, weder zwischen Buchseiten noch in einem Sessel, auf einem Hintergrund aus Glas oder gar in einem Bett. Das Nackte vollzieht stets einen Einbruch. Entweder nackt oder anders (egal wie anders). Denn bei anderen Photographien kann man eine Intention erkennen oder zumindest Wirkungen feststellen, man kann die Bedeutung vertiefen, Symbole erklären, Erzählungen zusammentragen. Man kann sie *lesen*, sie unendlich verschieden beurteilen. Jede Photographie hat ihre Inschrift, ihre Zeichen. Dagegen ergreift uns das Nackte jedes Mal wie eine immergleiche Offenbarung: vom »Alles ist da«, vom »So ist es«; es gibt weder Horizont noch Fluchtpunkt, kein Jenseits. Während alles Übrige nichts als Anspielungen sind, stellt sich allein das Nackte dem Begehren entgegen. Auch gibt es nichts mehr zu entziffern, das Nackte bezeichnet nichts, das Unüberschreitbare ist einfach da – es wird gezeigt.

Alle anderen Motive, die wirklichen wie die erfundenen, weichen voneinander ab und entwickeln sich mit der Zeit: die Straßen, die Kleidungen, die Frisuren und selbst die »Natur«, die Landschaft. Dagegen verändert sich das Nackte nicht, es kann sich weder verändern noch abweichen. Es ist *das Selbe*, noch einmal: das Wesen.

Man könnte sicher einwenden, dass das Nackte, zumindest für den Photographen, nicht wirklich derart isoliert ist, dass es auch seine Ränder und Grenzbereiche hat. Wo beginnt und wo endet eigentlich das Nackte? Denn das Objektiv hat diese Macht, es umrahmt und beschneidet nach Belieben. Gibson scheint sogar mit diesen Zonen des Übergangs, am Rande des Nackten, zu spielen. Wenn eine Hand, ein über das Gesicht gebeugter Arm oder ein Rücken nackt und gleichzeitig nicht nackt sind, so gilt dies auch für den ins Wasser getauchten Körper. Trotzdem überzeugt dieses Argument nicht. Denn man weiß sehr wohl und unsere Ergriffenheit zeugt jedes Mal davon, dass das Nackte aus einem Nackt-Werden hervorgeht. Wie eine große Opfergabe, oder besser: wie ein großes Ritual, das einzige – das notwendige. Die Venus von Knidos trägt in der Hand noch das Kleid, das sie gerade ausgezogen hat, um in das reinigende Bad zu steigen. Jene von Gibson bewahrt diese Spur, die Schatten auf der Haut, des letzten, soeben abgelegten Kleidungsstücks. Oder sie liegt auf dem Sand, in perfektem Weiß, und entzieht ihren Körper, das Nackte aushöhlend – eine ultimative Höhle, die noch kein Sonnenstrahl berührt hat.

III. Die Tatsache, dass man den Gegenstand auf ganz gewöhnliche Weise beschreibt, dass man üblicherweise gar mit einer gewöhnlichen Beschreibung beginnen muss, um das Nackte zu erörtern, führt dagegen noch nicht zu der Frage, was sich, ebenso diskret, in der Sprache selbst vollzieht, wenn sie aus der Nacktheit das Nackte macht. Wenn ein Wort von einem anderen abstammt, heißt dies nicht, dass das eine nicht das Gegenteil vom anderen sein könnte. Die Nacktheit beschreibt den Zustand des Mangels, der Entblößung, der Not (»splitternackt«): Ich schäme mich dafür, sie erregt Mitleid. Im Nackten dagegen vergisst sich die Nacktheit, das Gefühl wandelt sich in Fülle, das Nackte trägt seine Präsenz bis zum Überfluss, es bietet sich der Betrachtung dar. Es reicht schon, wie man jedes Mal feststellt, von einem Wort zum anderen zu gehen, um vom »Leben« zur »Kunst« zu gelangen. Und es ist die Möglichkeit des Nackten selbst, oder besser: die Öffnung zum Nackten, die zur Markierung der Grenze zwischen diesen Sphären genügt (bzw. die Sphären überhaupt erst erzeugt). Man kann die Spaltung noch weiter vertiefen: Während die Nacktheit in der Bewegung spürbar wird (der Regung des Lebens), vollzieht sich das Nackte aus einem Stillstand, einer Unbewegtheit (so ist gerade die Photographie für das Nackte bestimmt, denn ein Negativ hält jegliche Bewegung an). Vor allem verlässt man beim Übergang von der Nacktheit zum Nackten den Standpunkt des Subjekts und des Bewusstseins (von dem aus man *sich* sieht: »... und sie sahen, daß sie nackt waren«), um das Nackte in der Distanz als Objekt (welches das Objektiv so bequem erfassen kann) zu setzen. Der Übergang vom *Für-Sich* zum *An-Sich* ginge in umgekehrter Richtung vonstatten; oder, um es noch einmal anders zu sagen: Die Nacktheit bin ich, das Nackte ist der Andere. In der Nacktheit sieht der Andere mich an (oder, genauer, sehe ich, wie der Andere mich ansieht), während im Nackten das Gegenteil der Fall ist. (Und wenn es Negative gibt, auf denen der Andere mir in seiner Nacktheit erscheint, so setze ich mich, sympathetisch, an seine Stelle und trage mein Bewusstsein in ihn hinein.)

In der Nacktheit und dem einhergehenden Gefühl des Mangels (den zweifellos auch die Griechen verspürten; *ta aidoia*: eine vollkommen freie Natürlichkeit – oder Freikörperkultur – gibt es nicht) fühle ich, dass mein Sein nicht mit meinem gegebenen Körper endet; dass mein Gefühl, mein Geist und meine Mittel ihn überragen. Ich bin nicht auf das Sichtbare begrenzt, noch weniger auf dieses eine Sichtbare. Zur Verneinung gezwungen, kann ich nicht anders als Ihnen zu sagen (was die Scham sagt): Ich bin nicht nur das – dieses »Alles ist da« oder »So ist es«. Denn Sie wissen genau, dass es dabei nicht um »mich« geht, sondern dass durch mich plötzlich der Mangel des Seins selbst aufscheint (alias, dass seine Verneinung offenbar wird). Dieser Mangel, der aus dem Innersten des Seins hervortritt und sich in der unmittelbaren Nähe, in unserer Intimsphäre (uns eine »Intimität« aufdeckend) zu erkennen gibt, ist auch das Maß unseres Bewusstseins – von dort

kommt das Bewusstsein her, und wir beeilen uns, den Mangel auszugleichen oder zumindest, wenn wir auf einen Ausgleich nicht hoffen können, ihn zu verhüllen und zu verstecken. Eine Wunde hat sich geöffnet, unser Körper ist ein Stigma, das es zu verbergen gilt.

Von vornherein erreicht das Nackte das, was trotz aller Anstrengung keine Dialektik der Wirklichkeit oder des Denkens erreichen kann. Im Nackten erscheint ein Körper, der auf natürliche Weise das Sein in seiner Ganzheit birgt. Es zeigt sich ohne Hohlraum oder Spalte, es ist ohne Bruch: Das Nackte enthält die »Seele« in dieser *Natur*, die es ist. Schon in einer bestimmten Form des Körpers, an der Grenze dieses »Alles ist da«, erreicht das Sein seine Vollkommenheit: eine Vollkommenheit, die man gewöhnlich »Schönheit« nennt.

Von der Nacktheit zum Nackten, dies wäre die eigentliche Spannung der Existenz. Die Nacktheit ist »animalisch« bzw. sie »ist« nicht, sondern wird empfunden, und sie verstärkt sich sogar im Verhältnis zu unserer Ablehnung gegenüber dem Animalischen in uns; erbarmungslos versperrt sie unserem Verlangen, ihr zu entgehen, den Weg. Oder schlimmer noch: Sie zwingt uns, uns selbst mit eigenen Augen anzusehen, und lässt uns bei dem Versuch, ihr zu entgehen, scheitern. Das Nackte ist dagegen zum Ideal berufen, es dient der Idee als »Bild« (*eikon*). Es bewahrt natürlich etwas von dieser Intimität, welche die Nacktheit erscheinen ließ (und dies vor allem in der Kunst der Photographie), aber weit davon entfernt, sie als eine Schwäche empfinden zu lassen, *objektiviert* es sie soweit, dass es in diesem Endlichen die Unendlichkeit offenbart. Das Nackte ist auf das »Göttliche« gerichtet.

IV. Doch aus welcher Nacktheit ist das Nackte zu schöpfen? Wie man aus dem Marmor die Statue schöpft? Nachdem die Photographie ebenfalls gezögert hat (zu der Zeit, als sie noch im Dienst des Malers stand), scheint sie sich nun entschieden zu haben: Eva oder Venus, es ist die Frau. Dabei hat das Nackte in der griechischen Plastik mit Apollo begonnen; und man weiß auch, dass der männliche Akt die europäische Malerei bis ins 17. Jahrhundert beherrsche: Ein Wandel der Sitten oder des Mediums – stünde die Photographie also in besonderer Beziehung zur Frau als Sexualobjekt? Oder hieße dies, dass der Körper Evas vollkommener als der Adams ist, mit anderen Worten, mehr »Form« ist als er? (Besonders das, welches kaum dem Stadium des Unförmigen entkommen zu sein scheint, bleibt einem früheren Zeitalter verhaftet, zumindest was die Photographie anbelangt: In der Bildhauerei ist es vielleicht darstellbar, auch noch in der Malerei, nicht mehr jedoch in der Photographie, es sei denn, man wollte eben den Aspekt der Nacktheit zur Geltung bringen.) Davon zeugt zur Genüge die weibliche Brust, welche im Gegensatz zum männlichen Geschlechtsteil zugleich Fülle und reinste Rundung ist, ein vollkommenes Zusammentreffen von »Materie« und »Form« – wie die Griechen sagen würden. Oder hieße dies, dass auf dem Film der Kontrast zwischen der Haut und der Behaarung, dem unendlich Feinen und dem Buschigen, das weibliche Nackte gegenüber dem des Mannes schärfer heraussstechen ließe, es gleichsam zu einem Nackten im Superlativ machte und die Frau also nackter als der Mann wäre?

Es ist also *die* Frau schlechthin, und nicht irgendeine; denn sonst läuft man Gefahr, in die Erinnerungsphotographie oder ins Anekdotische abzugleiten (selbst wenn es dieselbe Frau

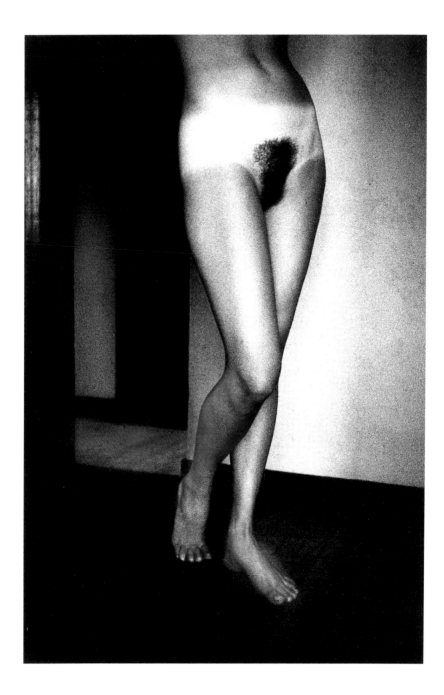

ist, die er photographiert – selbst wenn es »seine« Frau ist). Der Photograph ist Don Juan. Nicht aus Vergnügen, sondern aus der Notwendigkeit und der Pflicht heraus (wie es bei Don Juan der Fall war): »Die Frau« interessiert ihn als reines Objekt eidetischer Variation. Oder besser sollte ich sagen: »*die* Frau an sich«, wie ich vorhin von *dem* Nackten und *dem* Begehrenswerten an sich gesprochen habe. Denn »*die* Frau« oder »*das* Nackte« bedeutet zunächst, dass man sie in ihrer Wesenheit betrachten muss, wie man es bei der Liebe oder der Schönheit tut. Diese Hervorhebung bringt die Frau in eine unendliche Distanz, setzt sie als mythisches Subjekt, welchem man sich von da an, über alle Umwege und in allen Posen, unaufhörlich anzunähern suchen wird: die letztmögliche Grenze, zu deren Füßen all unsere Wege wie Wellen abbrechen.

Aber *die* Frau bedeutet auch, dass der Photograph sich rücksichtslos das Recht genommen hat, ihr Bild nach Belieben zu beschneiden. Denn müheloser als der Maler oder der Bildhauer kann der Photograph rahmen und trennen. Er kann den Kopf, den Rumpf oder die Beine abschneiden. Vor allem das Gesicht birgt immer die Gefahr, uns in das Besondere zurückfallen zu lassen, denn es hätte Gesichtszüge, einen Ausdruck, es »sagte uns etwas« und brächte uns folglich vom Wesentlichen ab (es sei denn, man schneidet eben da ab, um eine andere Landschaft zusammenzustellen). Daher behält man vorzugsweise nur »dies«: den Ort, wo die Enthüllung, die das Ereignis darstellt, vollständig ist, wo der Übergang vom Feinen zum Buschigen stattfindet, vom Hellen zum Dunklen, von der Wiese zum Wald; der hier beginnt und dort endet. Dieses Fragment steht nicht an der Stelle des Ganzen wie die rhetorische Figur der Synekdoche, sondern es ist das Ganze – es hat ontologischen Wert. Um sich das Wesen besser anzueignen, wird der Photograph sich nicht damit begnügen, den Körper auszuschneiden, er wird ihn in seine Bestandteile zerlegen: Hier hat ihn z. B. die Jalousie in Streifen geschnitten. Kurz, es gäbe immer zu viel zu sehen, man kann den Körper der Frau niemals mit einem einzigen Blick betrachten, den ganzen Körper mit einem einzigen Blick einnehmen. Zwischen den Lippen, den Brüsten, dem Bauch würde der Blick zerteilt und sich verlieren; er irrte herum und würde zerstreut. Um das Wesen zu erfassen, ist es besser zu schneiden.

Wenn er die Frau rühmt – sie, die Göttin; er, ihr Beisitzer [parèdre] – verfügt er dennoch über sie wie über eine Sache. Auf seine Anordnung hin, so entsteht das Nackte, wird jedes Bewusstsein auf die Vertrautheit des »Du« zurückgeführt. Eine Weise wie jede andere, ihr eine Erklärung zu machen (eine Erklärung, die jeder Künstler seinem Modell gegenüber wiederholt): »Ich muss aus dir meine Sache machen, um zu deiner Unendlichkeit zu gelangen.«

V. Ich denke, dass man es, ohne in irreführende Verallgemeinerungen abzugleiten, einmal so sagen kann: Wenn es ein Merkmal des intellektuellen, ästhetischen, aber auch des theoretischen Abenteuers im Okzident gibt, das heißt eines, welches diesen im Innersten charakterisiert (und somit erlaubt, überhaupt von Europa oder dem »Okzident« zu sprechen), dann ist es das Nackte. Die Wahl dieses Merkmals ist natürlich implizit, *verborgen*, und man muss es erst zu Tage fördern, um es zu verdeutlichen.

Hier hat man etwas zu Händen, was sehr selten in der Kulturanthropologie ist, nämlich etwas Spezifisches. Das Nackte umfasst Europa von Süden bis Norden und vom Orient (Pergamon) bis zum Okzident (dem frommen Hofe Philipps des Zweiten) – Zurbarán bemühte sich um das Nackte, auch Dürer beschäftigte sich mit ihm. In der Plastik, der Malerei und der Photographie gibt es gleichfalls eine Tradition; denn nicht nur von einem Künstler zum anderen, sondern auch von einem Land zum anderen oder von einem Zeitalter zum nächsten haben die Versuche, das Nackte darzustellen, einander ständig abgelöst. Es gibt eine »Tradition«, selbst wenn dieser Begriff uns seit Foucault suspekt geworden ist, denn es scheint in der Tat, dass in diesem Fall – im Gegensatz zu dem, was man für andere Bereiche, wie die Wissenschaft, feststellen kann – dieselbe Kohärenz und dieselbe Grundeinstellung von den Griechen bis in unsere Zeit überliefert worden sind. Als hätte sich bei den Griechen ein Bruch ereignet, dem wir bis heute nicht entkommen sind; als wären wir seit den Griechen kaum einen Schritt vorangekommen. Dem »Alles wandelt sich« des Lebens und des Denkens widersetzt sich allein das Nackte, gleich einem erratischen Block, der dem Fortschritt wie der Erosion durch die Zeit entgeht: Während der »Mensch« stirbt, wie man weiß, bleibt das Nackte.

Das Nackte. Es gibt nur ein Nacktes und es kann auch nur eines geben: Denn es handelt sich gerade um das *Nackte* im reinen (nackten) Zustand, ohne dass irgendetwas hinzugefügt oder weggenommen wird. Die Proportionen und Posen können natürlich unendlich und gezielt verändert werden. Der Abstand zwischen den Brüsten kann auf eine schmale Rille reduziert oder aber so verbreitert werden, dass eine Ebene zwischen ihnen entsteht. Es gibt Nackte mit gotischen (asketischen) Kanten und so fleischige wie bei Rubens

– was bleibt, ist *das* Nackte. Das Nackte bewahrt seine Konsistenz und seine Autonomie nicht etwa aufgrund der ästhetischen oder plastischen Bearbeitung, der es unterworfen ist – denn diese ist äußerst variabel –, sondern aufgrund dessen, was seit jeher in ihm gesucht wurde und was ich hier das Wesen nenne. Darum ist das Nackte auch kaum mehr als ein Objekt der »Tradition« (oder der Gegentradition, wenn man an Picassos *Demoiselles d'Avignon* denkt), ohne jedoch wirklich Gegenstand einer Geschichte zu werden. (Kann man die »Geschichte des Nackten« schreiben? – Kenneth Clark[1] hat es eher nach Themen behandelt.) Trotz aller Anstrengungen und Erneuerungsleistungen blieben wir im Hinblick auf das Nackte stets *Variationen* unterworfen. In diesem Fall, dem einzigen vielleicht, trifft unser Blick den der Griechen und wird mit ihm deckungsgleich: Wir erhalten eine direkte Verbindung zu den Griechen, trotz der ungeheuren Unterschiede in der Wahrnehmung und der Empfindung sowie der langen Geschichte, die uns von ihnen trennt. Bei der Betrachtung des Nackten verbrauchen sich die Mittel und die Sichtweisen, doch die Faszination entsteht stets von neuem, der *Blick* richtet sich auf, wie am ersten Tag, in einer erstaunlichen Naivität. Als erwiese sich der Gegenstand, weil er der nächste und deutlichste ist, der einzig vollständig *gegebene*, auch als der einzig unbegrenzte, zu dem man immer zurückkehrte.

In diese Richtung deutet die Photographie. Als das Nackte in der Malerei schließlich (im 18. und 19. Jahrhundert) akademisch wurde und sich (mit Cézanne) aufzulösen begann, erschien die Photographie wie ein Wunder, um die Herausforderung

[1] Vgl. Kenneth M. Clark: *Das Nackte in der Kunst*, übersetzt von Hanna Kiel. Köln, 1958.

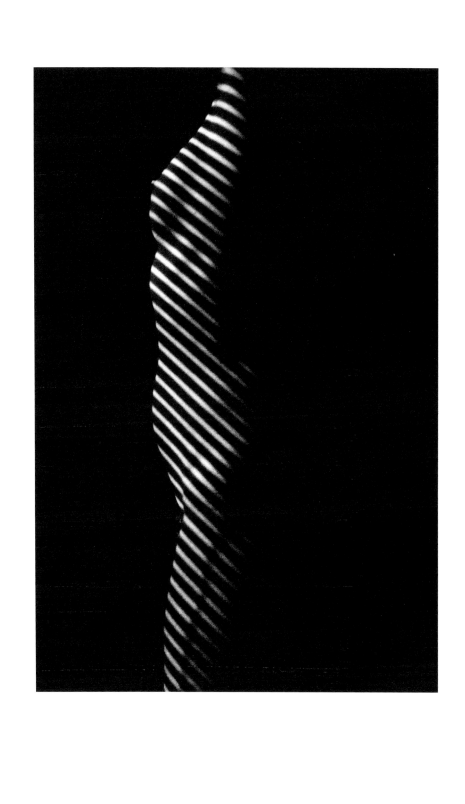

anzunehmen, zu deren Bewältigung die Malerei ihre Mittel verloren hatte. (Es sei denn, diese wäre durch ihr Erscheinen dazu gezwungen worden, in eine andere Richtung zu gehen.) Man hätte zunächst annehmen können, dass die Photographie für diesen Zweck ungeeignet sei, zu realistisch und bloß in der Lage, die Nacktheit zu reproduzieren, also dazu verurteilt, dem Maler als präzises, aber unedles Material zu dienen; doch man sah sich bald eines Besseren belehrt: Auch die Photographie hatte die Berufung zum Nackten, auch sie strebte nach ihm.

Gleich welche Neuerung der Gattung, des Stils oder des Mediums, alle messen sich am Nackten. In der europäischen Geschichte ist der Stellenwert, den für uns der (wohlweislich immer brauchbare) Begriff des ›Humanismus‹ hat, zweifellos dem Nackten geschuldet bzw. dem, was das Nackte implizit (aber umso radikaler) an der Verbindungsstelle zwischen dem Natürlichen und dem Ideologischen aufruft: nämlich die Idee (die *Entscheidung*), aus der einzigen Wirklichkeit des Menschen, das heißt seiner losgelösten und auf sich selbst reduzierten Wirklichkeit, aus seiner (absolut begehrenswerten) Form und seinem Fleisch, das Modell der Wirklichkeit selbst – aller Wirklichkeiten – in Vollendung zu schaffen. Durch das Nackte hat der »Mensch« ein Wesen gefunden und wird unsterblich. Daher erklärt sich die Neigung der europäischen Kultur zum Nackten: Die europäische Kunst ist auf das Nackte fixiert wie die Philosophie auf die Wahrheit. In der Lehre der Kunst ist der Akt so zentral wie die Logik in der Philosophie: In den Akademien Europas arbeitete man ebenso daran, das Nackte darzustellen, wie man sich theoretisch darin übte, die Wahrheit (die nackte Wahrheit) zu beweisen. Dies gilt trotz der sehr unterschiedlichen Standpunkte, von denen aus man in den jeweiligen Epochen den menschlichen Körper betrachtet hat. Es ist leicht zu verstehen, dass die Griechen, die den Kult der Leibesübung kannten, das Nackte geschaffen haben. Etwas seltsamer mag jedoch anmuten, dass die Kirche, die den Körper zurückwies und so vehement die Nacktheit verurteilte, dennoch dem Nackten einen so großen Stellenwert zugestand, und zwar an den berühmtesten Stellen der biblischen Erzählung: Adam und Eva im Paradies, die *Pietà*, das Jüngste Gericht. Auch wenn der Körper hier nicht mehr verehrt, sondern gleichsam durch sein Pathos zerrissen wiedergegeben wird, auch wenn er nicht mehr zur Harmonie des Modellhaften zurückfindet und sich plötzlich schematisiert sieht, selbst wenn man nur die Nacktheit darstellen wollte (um die Natur zu beschämen), bleibt nichtsdestoweniger das Nackte, das sich nicht herausreißen lässt. Selbst in den Anti-Nackten der Kirche bleibt das Nackte noch erhalten; und die Künstler des Mittelalters würden sich bald an die Lehre der Antike erinnern. Noch seltsamer ist allerdings die Tatsache, dass die Kirchenväter die Version von Antiochia derjenigen Jerusalems vorgezogen haben und dass Christus eher entkleidet als verhüllt am Kreuze hängt – das Nackte thront selbst auf unseren Altären.

VI. Allerdings hat sich die europäische Kultur von der Vorherrschaft des Nackten nie lossagen können und ist durch sie stets neu hinterfragt worden. Sie ist nicht zu erklären, wenn man in ihr nicht den Ort sieht, an dem die Spannungen, welche die Kultur fruchtbar machen, sich bündeln und ihren höchsten Grad erreichen. Die Vorherrschaft des Nackten befindet sich zwischen den Polen des Sinnlichen und des Abstrakten, dem

Körper und der Idee, zwischen dem Erotischen und dem Spirituellen und schließlich zwischen der Natur und der Kunst (all diese Begriffe sind natürlich in Anführungszeichen zu setzen: ich verwende sie hier wie Etiketten, welche die Sprache zur Verfügung stellt). Das Nackte ist der Tiegel, in dem diese Gegensätze miteinander verschmelzen und unaufhörlich bearbeitet werden; in dem sie sich gleichzeitig anfachen, beleben und zerstören. Denn es wäre naiv zu denken, wie man es noch immer gerne tut – so mächtig sind die philosophischen Klischees –, dass der »Okzident« dualistisch gewesen sei (der Dualismus von Körper und Seele usw.). Je mehr das Nackte diese Dualismen vertieft und in deren Spaltungen – bis zum Abgrund – hinabtaucht, desto lauter rufen sie nach Überschreitung und provozieren somit sein Denken. Es muss das Zusammentreffen gewesen sein, also zugleich das Aufeinanderprallen und das Zusammenwirken dieser Extreme, aus dem das Nackte hervorging.

Davon zeugt die photographische Kunst. Wenn diese sich des absolut Unmittelbaren bemächtigt, nicht nur der Haut, sondern auch der feinen Pore, nicht nur der Pore, sondern auch ihrer zahllosen Unregelmäßigkeiten, und auch des Abdrucks, den das abgelegte Kleidungsstück als flüchtige Spur des Ereignisses hinterlässt –, so weiß man auch, dass der Photograph dieses *Konkrete*, so kurzlebig es auch sein mag, zusammengestellt hat: Er *konstruiert* es (durch die Wahl des Films, des Lichts, der Rahmung, der Montage usw.). Er tut es gewiss so, wie uns die Philosophie den wahrnehmenden Geist erklärt, jedoch indem er ihn vollständig expliziert und exemplifiziert. So wie die Maler und Bildhauer nach der geeigneten Pose streben, die Proportionen des Körpers und seine Geometrie konstruieren, so *operiert* der Photograph: Aus dem wahrgenommenen Körper legt er eine ideale Landschaft frei, aus dem Ding entnimmt er den Grundriss und erhebt ihn zum Wesen.

Gleiches gilt für den im Inneren des Nackten sich vollziehenden Gegensatz zwischen dem, was wir gewöhnlich das »Begehren« und die »Form«, das Erotische und die »Idee« nennen. Ich habe zu Beginn gesagt, dass das Nackte in der Photographie sich dem Begehren nicht entzieht; im Gegenteil, das Nackte bedient sich des Begehrens, wenn es dieses auch, im Angesicht des Unüberschreitbaren, nur ausweichend erfasst. Das ist zu erläutern.

Beginnen wir vorsichtig und sagen es folgendermaßen: Wenn man Gibsons Akte betrachtet und über die Erfahrung, die sie organisieren, nachdenkt, zögert man, auf gewöhnliche Begriffe zurückzugreifen und all die wohl markierten Pfade der asketischen Version des Plato-Plotinismus wieder zu beschreiten. Im Akt, sagt man üblicherweise, würde die Erotik überschritten, transzendiert oder sublimiert ... Wenn ich bei diesen Begriffen zögere, so nicht, weil sie im strengen Sinne unzutreffend wären, sondern weil ich fürchte, dass sie sich zu leicht zufrieden geben und schließlich an dem, was dann nicht mehr als eine Bequemlichkeit der Darstellung wäre (und zugleich eine unvermeidliche Moralisierung bedeutete), Schiffbruch erleiden. Sie vermitteln nicht das, was sich im Angesicht des Nackten wirklich abspielt und das vielleicht immer verschieden, inkohärent, bleibt und nicht vollständig in einem Begriff aufgeht, der die Bequemlichkeit des Geistes aufrechterhält (wie z. B. im vereinnahmenden Präfix *Trans-*, das nur in eine Richtung funktioniert: Transmutation, Transfer, Transfiguration ...).

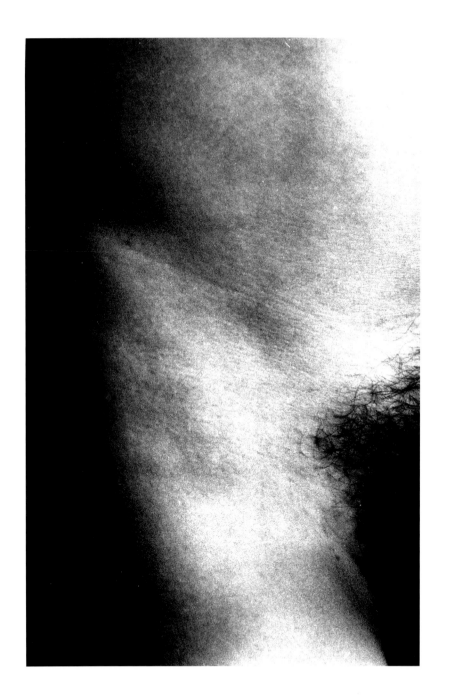

Das heißt, dass ich schon das erste Wort fürchte, welches das »Ereignis« durch seine Form prägt und von dort an zu dessen Identifikation herhalten soll. Man müsste nämlich die Spannung, welche die Erfahrung prägt und aus der diese Extreme (das Begehren – die Idee, jener berühmte Dualismus) entstanden sind, beibehalten und zur gleichen Zeit sagen können, bis zu welchem Grad das Nackte (und vielleicht nur dieses) in der Lage ist, die Gegensätze miteinander zu *verschmelzen*. Man erkennt die erogene Zone wieder, sie ist da, aber sie ist bis zur Abstraktion verfremdet; oder sie bildet eine Welt für sich, in der das Begehren vereinnahmt wird. Gibsons Kunst trägt das Erogene sogar bis an die Grenze der Nicht-Identifikation, so fest wie es verankert ist: Licht und Schatten teilen es souverän nach eigenen Regeln untereinander auf, die Vergrößerung oder das Vage entwirklicht nach Belieben. Ein Spiel mit dem Volumen, der Masse, der Rundung oder der feinen Pore. In der mondartigen Atmosphäre sind die Regungen der Haut kälter als Marmor.

Es ist im Übrigen bekannt, was die Kunst der Photographie im Vergleich zu ihren älteren Schwestern, der Malerei und der Plastik, so interessant macht: Sie ist durch ihr technisches Vermögen zur realistischen Reproduktion in der Lage, am weitesten auf die Seite der Lust vorzudringen (und dort ausschließlich erotisch oder gar pornographisch zu werden). Man könnte sagen, dass sie sich am stärksten der Gefahr des »Fleischlichen« aussetzt (im übertragenen Sinne; Courbet stützte sich für die *Création du monde* auf Photographien). In einem eigentümlichen Nebeneinander vereinigt die Photographie die Nacktheit, das Fleisch und das Nackte: die Nacktheit der Scham und das Fleischliche der Sinneslust. Da

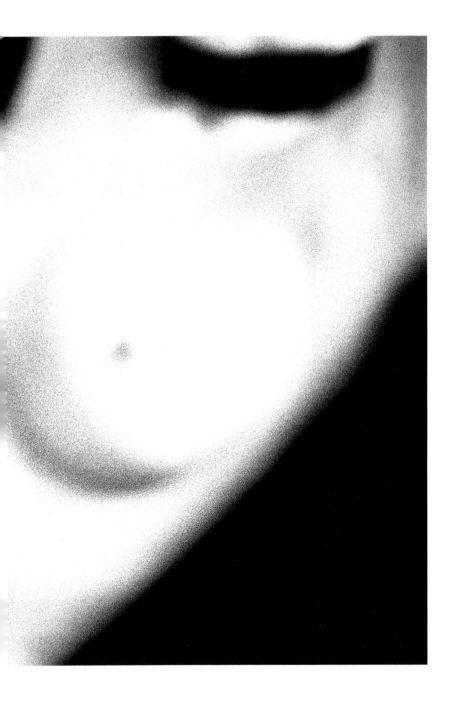

sie am stärksten zwischen der einen und der anderen, Eva und Venus, oszillieren kann, offenbart sich in ihr auch am deutlichsten der eigentliche Anspruch des Nackten (nämlich die »Schönheit«).

Auch wird man sich nie genug darüber wundern, was dem Begehren – wofür der Begriff der künstlerischen Distanz nicht unzutreffend, aber doch zu allgemein gehalten ist – Seltsames widerfährt, wenn es nicht mit dem Fleisch, sondern mit dem Nackten konfrontiert wird. (Bei Ausstellungen von Aktphotographien interessiere ich mich immer für diese Verstörung des Begehrens in den Augen der Zuschauer.) Denn das Nackte gewinnt zum Ausgleich dafür, dass es das Begehren entwirklicht, keine neuen Bedeutungen, es macht aus dem Körper kein Sinnbild und vermeidet es, den Wald der Symbole zu betreten; es verwandelt sich auch nicht oder gelangt vom »Körper« zum »Geist«. Nein: Wenn es sich verschließt bzw. die Last der Bedeutungen abwirft, dann um nackt zu bleiben. Es lässt sich durch nichts auffüllen, nicht einmal durch einen »Sinn«. Daher verharrt es an sich, in seinem Wesen. Und darum wird das Begehren im Anblick des Nackten nachdenklich, oder, wie ich zuvor gesagt habe: ausweichend.

VII. Dass das Nackte das Wesen ausdrückt, kann man in einer der berühmtesten Passagen von Descartes nachlesen. Jeder Philosophiestudent erinnert sich an sie: Ein Stück Bienenwachs liegt auf dem Tisch. Es ist gelb, hart und duftet; wenn es sodann, ans Feuer gehalten, schmilzt, sich in die Länge zieht und am Ende zu flüssiger Materie wird, erweist es sich in seiner wesentlichen Eigenschaft als eine »ausgedehnte Substanz«, als eine *res extensa*. Im Übergang vom einen zum anderen Zustand, sagt Descartes, wird der Körper zu dem, was er *an sich* ist, befreit von den sekundären und flüchtigen Eigenschaften, die seine »äußeren Formen« sind (der Geruch, die Farbe usw.) – man sieht ihn nackt: »Wenn ich nun aber das Wachs von seinen äußeren Formen unterscheide, ihm gleichsam seine Kleider ausziehe und es *nackt* betrachte, so kann ich es, wenngleich immer noch ein Irrtum in meinem Urteile nicht ausgeschlossen ist, doch nicht ohne einen menschlichen Geist in dieser Weise erfassen«.[1] »*Tanquam vestibus detractis nudam considero ...*« »Nackt« bezeichnet also das, was nach dem Abzug jeden Schmucks und jeder Last noch bleibt, was nicht mehr verdeckt oder vermischt ist und daher das Stadium seiner letzten, unwandelbaren Wirklichkeit, also seiner wesensmäßigen (ontologischen) Beständigkeit erreicht. Denn auf den Zustand des Nackten reduziert verliert das Physische seine Erscheinungsinkonsistenz und erhält einen metaphysischen Status (so die Schlussfolgerung dieser Passage aus Descartes' *Meditationen*). Mit anderen Worten: Das Sein wird nur erreicht, wenn es nackt ist. Durch sein Nackt-Werden wird es nicht vermindert, sondern ins Leben gerufen.

So gesehen könnte der Künstler nach dem Vorbild des metaphysischen Geistes von Descartes vorgehen. Doch begehen wir keinen Irrtum: Wenn der Künstler so leidenschaftlich das Nackte in Stein haut, malt oder photographiert, wenn er immer wieder auf das Nackte zurückkommt und von ihm nicht lassen kann, dann weniger deswegen, weil er den menschlichen Körper für »schöner« als alle anderen Körper

---

[1] René Descartes: *Meditationen über die Grundlagen der Philosophie mit den sämtlichen Einwänden und Erwiderungen*, übersetzt und herausgegeben von Artur Buchenau, Hamburg, 1972, S. 25.

(oder gar jede andere Wirklichkeit) erachtet, sondern weil nur der menschliche Körper – als einziger unter den möglichen Körpern – überhaupt nackt sein kann: Nur er ruft die Erfahrung hervor, durch die man, nachdem alles Unwesentliche abgezogen wurde und überhaupt nichts mehr abzuziehen oder wegzunehmen ist – wie wenn das Wachs, von seinen »äußeren Formen« entblößt, dem Geist nur noch als »ausgedehnte Substanz« erscheint –, schließlich das Unüberschreitbare (das Wesen) erreicht, aus dem das Nackt-Werden besteht.

Die metaphysische Erfahrung des Nackten – denn jedes wirklich Nackte ist metaphysisch – entspricht also der Erfahrung des Seins, das sich durch den Körper in seiner Intimität durchdringen lässt. Denn die *Intimität* des Körpers mit sich selbst wird hier plötzlich objektiv – darin liegt, wie wir gesehen haben, der Erfolg des Nackten –, so dass das Verborgenste, durch welches das Sein durchdrungen ist, endgültig erreicht und offenbar wird. Das Nackte ist gleichsam *an sich*, ohne dass irgendetwas es verdeckte, verblendete oder zurückzöge. Denn man darf sich nicht täuschen: Die Kleidungsstücke sind von dem Körper genommen wie die »äußeren Formen« von jenem Wachsstück in der Nähe des Feuers. Wenn ich so mit Descartes argumentiere, dann um die in Frage stehende Erfahrung von dem, was leicht mit ihr verwechselt werden könnte, besser zu unterscheiden: Die Erfahrung des Nackten ist nicht die einer Enthüllung (einer das Begehren erweckenden Entblätterung), welche die Lust dadurch hervorruft, dass das Verborgendste endlich gezeigt wird (*quae plus latent plus placent*: die Logik des Striptease). Die Erfahrung des Nackten beruht auf dem strengen Verfahren einer (ontologischen und eidetischen) *Reduktion* (Descartes – Husserl). Bei dem Wachsstück konnte es sich nur um ein Beispiel handeln (*tanquam*), und die Erfahrung blieb theoretisch. Beim menschlichen Körper ist die Erfahrung jedoch im eigentlichen Sinne gegeben – sie wird *sinnlich wahrnehmbar*. Denn allein der menschliche Körper ist in der Lage, die Erfahrung des Nackt-Werdens zu machen. Er ist die einzige Stelle des Seins, an der das Sein offen erfahren werden kann, sein ganzes Wesen ins Leben gerufen wird, das heißt vollständig deutlich wird.

VIII. Die in Frage stehende Erfahrung ist also nicht die einer (Lust erzeugenden) Enthüllung, sondern die einer (Schönheit erschaffenden) Deutlichkeit. An dieser Stelle ist es notwendig, Platon genau zu lesen. Er sagt uns nicht nur, dass unter den Dingen, die einen Wert für die Seele besitzen, allein die Schönheit deutlich ist (im Gegensatz zur Gerechtigkeit, zur Weisheit usw.) und dass diese daher der vorzügliche Weg ist, um von der Sinneswahrnehmung zur Idee zu gelangen. Die Schönheit, sagt Platon weiter, ist das »Deutlichste« in der Welt der Sinneswahrnehmung, oder noch genauer: das »aufs deutlichste uns Entgegenschimmernde«, »das Hervorleuchtendste« (*ekphanestaton*, *Phaidros* 250d).[1] Denn genauso bedeutend wie der (relative bzw. absolute) Superlativ des Deutlichen (das »sehr Deutliche« bzw. das »Deutlichste«) ist das Präfix »*ek*«, welches das Hervortreten oder das Erscheinen bezeichnet, wie in der Ek-stase oder der E-videnz. Die Schönheit ist, anders gesagt, das, was am stärksten im Bereich des Sichtbaren hervortritt. Ihre Macht ist es,

---

[1] Vgl. Platon: *Sämtliche Werke*, übersetzt von Friedrich Schleiermacher, herausgegeben von Ursula Wolf, Reinbek, 1994, Band 2, S. 572.

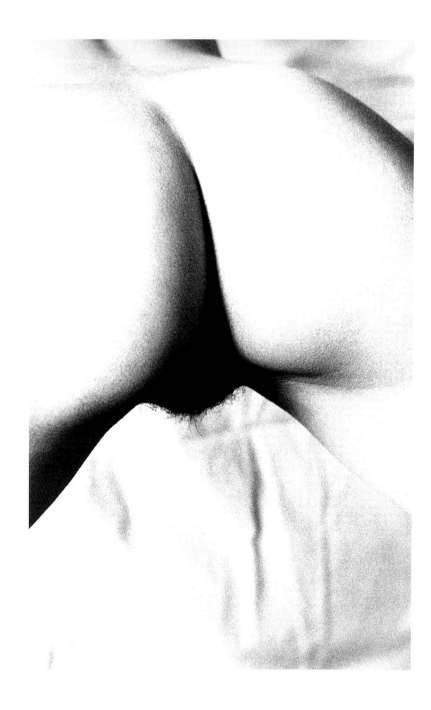

das Sein im Sichtbaren hervortreten zu lassen und es für den Gesichtssinn besonders wahrnehmbar zu machen.

Dies definiert meiner Ansicht nach am besten die Bestimmung des Nackten. (Und wenn Platon die Schönheit auf diese Weise gefasst hat, so denke ich, dass er von der Bildhauerkunst seiner Zeit beeinflusst war; vgl. den Hinweis Plotins auf diesen Zusammenhang im Eingang der *Enneade* V, 8.[2]) Die Schönheit des Nackten beruht nicht so sehr auf der Harmonie der Formen oder auf der Verhältnismäßigkeit der Teile (das *aptum*, das die Schönheitsbestimmung der Stoiker wird), selbst wenn es diese Eigenschaften sind, die man in der vergleichenden Analyse der verschiedenen Akte am häufigsten beachtet und kommentiert. Diese Eigenschaften bleiben an der Oberfläche; sie sind nur Hilfsmittel und können das Nackte nicht bezeichnen. Das Nackte erhält seinen Status erst durch den Umstand, dass es jenseits aller Verschiedenheit und Besonderheit eine wesentlichere – genauer gesagt, radikalere und daher unergründliche – Fähigkeit besitzt, nämlich das Sichtbare *hervortreten* zu lassen. Das Nackte ist jenseits des Sichtbaren und zugleich, indem es sich von ihm abhebt, Teil desselben. Alle seine Eigenschaften tragen dazu bei, dass es im Innern des Sichtbaren oder des Deutlichen selbst ein noch Sichtbareres oder noch Deutlicheres hervorbringt. Zusammengefasst, beruht die Schönheit des Nackten auf seiner Kraft der E-videnz. Denn wenn die Schönheit wie bei Platon diese Fähigkeit der Offenbarung besitzt (im strengen, das heißt im ontologischen, Sinne der

---

[2] Vgl. Plotin: *Die geistige Schönheit*, in: *Plotins Schriften*, Neubearbeitung mit griechischem Lesetext und Anmerkungen, übersetzt von Richard Harder (u. a.), Hamburg, 1956-1971, Band 3, S. 34-69, S. 35.

Offenbarung des Wesens), bringt das Nackte in der Bewegung des Nackt-Werdens diese Fähigkeit zu ihrem Höhepunkt und verwirklicht sie. Es ist die Kraft dessen, was absolut deutlich und offenbar ist – die *Epoptie*.

Das Nackte *stellt* das Sein stärker *zur Schau*, könnte man sagen, und darauf beruht seine »Schönheit«. Man denke an die wenigen großen Akte der Kunstgeschichte, wie die von Botticelli. Seine *Geburt der Venus* ist keine »Geburt« im anekdotischen Sinne des Geboren-Werdens, sie meint vielmehr die präzise Erscheinung eines Zur-Welt-Kommens, die E-videnz eines nackten Körpers, der im Bereich des Sichtbaren hervortritt. Wenn Botticellis Körper auch eher unförmig ist, ein kleines Gesicht, fallende und schwach ausgebildete Schultern, selbst wenn die Haltung des ganzen Körpers unsicher scheint, kurz: wenn das Ganze auch etwas Flüchtiges behält, so erstaunt das Nackte umso mehr durch seine Präsenz – es *erstaunt* im starken Sinne des Wortes *thambos*, jener Erschütterung Plotins vor der Schönheit. Oder das Erschrecken der Liebenden bei Platon, als sie plötzlich in einer Sinneswahrnehmung die Erinnerung an eine geschaute Idee wiederfanden. Denn die so oft angeführten Eigenschaften des Körpers, seine Schlankheit, seine Geschmeidigkeit, selbst sein Rhythmus oder gar der nachdenkliche Ausdruck des Gesichts bringen weniger die besondere Anmut oder den einzigartigen Reiz dieser so zarten »femininen« Figur zur Geltung, als dass sie zunächst unmittelbar zu dem einen beitragen, nämlich das Nackte hervorzubringen. In diesem Akt auf der Muschel hat Botticelli exakt den *Aufstieg* des *absolut Sichtbaren* gemalt. Wenn sich die Erscheinung weit über jeden äußeren Anschein hinaus erhebt und durch die wellenförmig gezeichneten

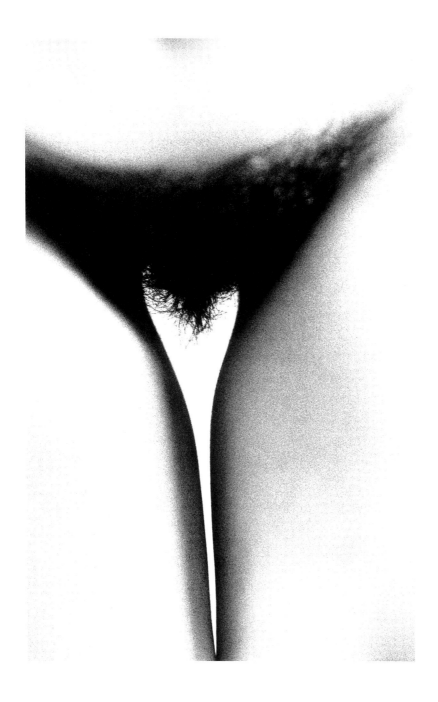

Linien dieses Körpers eine Kerbe [échancrure] im Bereich der Sinneswahrnehmung aufgetan wird, so bedeutet das nicht, dass ein »transzendentes« Jenseits des Körpers erreicht würde, wie man es von einer religiösen oder spirituellen Offenbarung erwartete, sondern dass das Sichtbare selbst, in diesem Nackten, gleichzeitig zum Ort und zum Objekt der Offenbarung wird.

IX. Insofern vollzöge die Photographie vielleicht unfassender als ihre Vorgängerinnen die Bestimmung des Nackten. In diesem Zusammenhang finde ich es allerdings sonderbar, dass Clark in seinem zweibändigen Werk über das Nackte, das als die beste Studie in diesem Bereich angesehen wird, kein einziges Wort über den photographischen Akt verliert ... Denn es scheint mir, dass gerade die photographische Kunst durch die ihr eigenen Mittel jene Kraft, das Nackte im Bereich der Sinneswahrnehmung hervorzubringen, am weitesten entwickelt hat. Denn die Photographie verfährt nicht über die einfache Imitation oder Nachbildung, sondern beruht im Wesentlichen auf ihrer Ereignisfähigkeit (das Ereignis des Nackten als Erscheinung des Seins). Während die Malerei und die Bildhauerei einen Prozess einbegreifen, erlaubt die Momentaufnahme, dass das Nackte, bei jedem Druck auf den Auslöser, schlicht erscheint. Das ist zumindest der zugrunde liegende Effekt.

Denn es handelt sich in der Tat um eine Fähigkeit, die dem *Moment* [instant] zu Eigen ist. Wir erinnern uns an den »Moment« bzw. den »gegenwärtigen Moment« (*to nyn*) als eine Frage, die sich die Philosophie seit Aristoteles (gerade in Bezug auf das Sein) immer wieder gestellt hat: Wenn die

Zukunft und die Vergangenheit nicht »sind«, denn die eine »ist« noch nicht und die andere »ist« nicht mehr, wenn also allein der gegenwärtige Moment *ist*, so existiert dieser nur als ein Punkt – als ein Durchgangspunkt von der Zukunft zur Vergangenheit, »über den« die Zukunft der Vergangenheit »zuflieht« (Augustinus).[1] Auf diese Weise ist der Moment nur ein Atom der Zeit, unteilbar, ohne jede Ausdehnung und somit auch ohne Konsistenz (der instantane Moment). Er ist nicht ein Teil der Zeit, seine Gegenwart ist vielmehr nur eine »Grenze«. Es sei denn, schlussfolgert Augustinus, der Moment könnte durch unsere Bekehrung das wahrhaftige *ubi*, die Gegenwart Gottes, erreichen.

Hieraus erklärt sich die Anfangsbemerkung, die wir uns jedoch noch einmal vor Augen führen müssen, um die Wirkung des Nackten zu ermessen: Die Photographie wäre also gerade durch ihre instantane Kraft dazu berufen, die reine Grenze des gegenwärtigen Moments zu realisieren. Denn die photographische Aufnahme ist dieser ausdehnungslose »Punkt« der Zeit, *durch welchen* allein das Sein »ist«. Auf das Nackte bezogen verdeutlicht dies ihre Wirkungsmöglichkeit: Indem die Photographie das Nackte im Moment hervorbringt und es *fixiert*, hält sie es in der Unendlichkeit seines Wesens fest.

Die Nacktheit wird in der Bewegung des Körpers *erfahren*, ebenso das »Fleisch«, wohingegen das Nackte sich in der Unbewegtheit (der Pose) *entdeckt*. Denn die Unbewegtheit ist für die Zurschaustellung der Form ebenso notwendig wie für die (erschöpfende) Erfassung ihrer Identität. Und die Photographie ist in der Lage, die Unbeweglichkeit des

---

[1] Augustinus: *Bekenntnisse* (*Confessiones*), eingeleitet, übersetzt und erläutert von Joseph Bernhart, Frankfurt, 1987, S. 629.

Wesens zu reproduzieren (man vergleiche nur eine Filmrolle photographierter Akte mit einem Film, der nackte Körper zeigt): Durch das Anhalten, dem es seine Existenz verdankt, hat sich das Nackte vom eigentlichen Körper und dem Leben, das ihn beseelt, abgeschnitten; und daher ist es in der Lage, dem Sichtbaren als ›Ekstase‹ zu dienen. Noch einmal eine Überschneidung der Ebenen und der Gegensätze: In diesem Aufblitzen, welches das Nackte als Kerbe im Bereich der Sinneswahrnehmung erzeugt, wird das Sein, das erreicht worden ist – aber was ist flüchtiger und stärker »der Zeit unterworfen« als jene feine Pore der Haut, jene Rundung der Hüfte oder der Brust? –, mit einem Mal »aus der Zeit« herausgezogen. Und insofern der Moment des photographischen Akts mit der Bedingung dieses Ephemeren verschmilzt, lässt es den Eindruck des Anhaltens, den es in seiner Sterblichkeit erzeugt, umso lebendiger (tragischer?) erscheinen.

Das führt mich auch zu dem Schluss, dass, von einem nicht mehr existentiellen, sondern methodischen Standpunkt aus betrachtet, der photographische Akt, in seiner besonderen Weise zum Sein zu gelangen, genau umgekehrt wie ein Begriff verfährt. Während der Begriff das Sein oder das An-Sich erreicht, indem er sich vom Besonderen zum Allgemeinen erhebt und zugleich vom Sichtbaren zum Intelligiblen, von den *horata* zu den *noeta*, oder noch einmal mit den immer wieder zitierten Worten aus Platons *Phaidros*, indem er von der »Vielheit der Sinneseindrücke« zur »Einheit des Denkens« gelangt und diese dadurch auf einen zeitlosen Modus, jenen des Seins und nicht mehr den des Werdens, abstrahiert – erfasst dagegen der photographische Akt das An-Sich bereits im gegenwärtigen Moment, also auf unmittelbare (unmittelbarste)

Weise und als das Anschaulichste (das unendlich Anschauliche) – die unmittelbare Sinneswahrnehmung, der unmittelbare Körper, die unmittelbare Haut, das unmittelbar Nackte. Diese Rundung, diese Pore, dieses Haar, dieser Fleck und dieser Schatten – hier und jetzt, das Nächste und das Flüchtigste: Im Aufblitzen eines Moments erfasst, aber auf immer festgehalten, machen sie das Bestimmte nicht nur unüberschreitbar, sondern auch unveränderlich und somit absolut. Von da an gehören sie nicht mehr dem Werden der Dinge an, von denen sie sich getrennt haben; das Sein, in die Falle des Apparats geraten, hat sich plötzlich verdichten, vereinnahmen und gleichsam in seiner Intimität isolieren lassen.

Zumindest ist es bequem, sich so auszudrücken: der Moment – das Zeitlose, man bleibt innerhalb der sprachlichen Konventionen. Oder was kann man, sobald man anfängt zu denken, anderes tun, als die Spaltungen, die das Denken voraussetzt, wieder neu auszuspielen? Doch die Kraft des photographischen Akts als *Erfahrung* bestünde gerade darin, eine Bresche zu schlagen und einen Weg für die Überschreitung dieser Spaltungen zu ebnen. Wohin zielt die Einbruchskraft des Nackten, von der wir zu Beginn gesprochen haben? Den Einbruch in die Sinneswahrnehmung haben wir das Hervortreten des Nackten genannt. Die gleiche Einbruchskraft betrifft jedoch auch, durch die Erschütterung der Kategorien und die herbeigeführten Neuordnungen, den Bereich des Theoretischen. Das Nackte bricht sogar in diesen ersten grundlegenden Gegensatz zwischen dem »Sinnlichen« und dem »Theoretischen« ein. Das wäre – mit Humor gesprochen (und in Anspielung auf Gibson) – die *Zen-* (oder *Haikai-*)Seite in der Photographie des Nackten ...

X. Wollte man den Spaltungen entkommen, denen man beim Denken unmittelbar unterliegt – während man so großspurig und gleichzeitig so naiv sagt: »Ich denke« (wo es doch die Spaltungen selbst sind, die für uns zu denken angefangen haben) –, so müsste man Abstand von den Gewohnheiten des Denkens nehmen können – oder es zumindest, hinsichtlich der Denkgewohnheiten, von außen erfassen. Wollte man die Möglichkeit des Nackten ausloten und alle zugrunde liegenden kulturellen und theoretischen Prämissen berücksichtigen, die von den Griechen bis heute seine außerordentliche Langlebigkeit bewahrt haben, so müsste man ebenfalls Abstand von ihm nehmen, es neu in Perspektive setzen und es aus den Mühlen der Tradition befreien: Man müsste das Nackte von neuem als Fremdes wahrnehmen, es als Unbekanntes neu entdecken.

Alles deutet jedoch darauf hin, dass das Nackte ein so stark an die europäische Kultur »gebundenes« Phänomen ist, dass der Okzident ihm nie entkommen ist. Die Kirche hat das Geschlecht verdecken können, doch das Nackte hat sie bewahrt. Das Phänomen ist alltäglich, denn es ist wahr, dass es alle Epochen und Regionen des Okzidents durchlaufen und miteinander verbunden hat. Seine Verbreitung ging Hand in Hand mit den Neuerungen der europäischen Zivilisation – von Griechenland nach Rom oder Pergamon, von der Renaissance zur Klassik usw. –, es diente als Fundament für die Entwicklung der schönen Künste. Gleichzeitig ist das Nackte auch ein ganz entscheidendes Phänomen für die Theorie, insofern es die gewählten Begriffe, die sein Denken gestalten und befruchten, bis in ihre äußerste Möglichkeit selbst in Frage stellt. Doch lässt uns das Nackte überhaupt eine »Wahl«? Üblicherweise erkennen wir im Nackten kaum mehr als eine »ästhetische« Wahl: die besten Proportionen, die ideale Rundung oder die geeignete Pose. Zudem hat man vielleicht, von einem ideologischen Standpunkt aus, die Legitimität des Nackten bezweifeln können, als die Grenzen zum Fleischlichen oder zur Nacktheit nicht mehr ausreichend wahrgenommen wurden. Als ob die Wahl dort aufhörte ... Was die Wahl des Nackten so gut verbirgt und theoretisch so unschuldig macht, ist die beachtliche Tatsache, dass sich das Nackte unter dem Deckmantel der Natürlichkeit präsentiert. Unter ihm lässt sich das »Kulturelle« folglich am leichtesten verschleiern und wir können es getrost vergessen: Denn das Nackte ist vermeintlich nichts als ein nackter Körper. Da es sich aber nur um den Körper handelt und ein Körper immer der gleiche ist – zu dem nichts hinzugefügt wird, der mit der Kleidung von den letzten Spuren der Zivilisation und den Unterscheidungsmerkmalen zwischen den Kulturen entblößt wird, kurz: der sich also im reinen (nackten) Zustand befindet –, könnte man annehmen, dass sich das Nackte von selbst versteht und dass keine Prämisse es begründete oder rechtfertigte. Wie könnte man also über das Nackte erstaunen? Wo man doch gerade das tun muss, um es zu denken. Aber man denkt nicht, wenn man an das Nackte denkt. Um die Wahrheit zu sagen, hat man sich nie wirklich gefragt, was ein Nacktes ist.

Um dies zu tun, muss man reisen: Man trifft das Nackte auch in Indien an, aber in viel geringerem Maße und vor allem in der erotischen Kunst – wobei es sich hier wieder mehr um das »Fleisch« als um das Nackte handelt –, und außerdem ist bekannt, dass die griechische Kunst mit Indien in Verbindung stand. Es gibt in der Tat, nicht nur auf dem Gebiet der Linguistik, eine gemeinsame »indoeuropäische« Kategorie. Ebenfalls finden sich, wenn man den Weg weiter in den Fernen Osten verfolgt, einige Spuren des Nackten in Japan (unter dem Einfluss des Schintoismus und dessen Verbindung zum Wasser?), aber zweifellos handelt es sich auch hier eher um die Nacktheit als um das Nackte. Wenn es dagegen einen großen Kulturraum gibt, in den das Nackte niemals eingedrungen ist bzw. der das Nackte vollkommen ignoriert hat, dann ist es China. Nun hat die chinesische Kunst aber die Malerei und die Skulptur der menschlichen Gestalt sehr weit entwickelt, und jeder kennt das Alter und die Bedeutung dieser künstlerischen Tradition.

Um es kurz zu machen: Ich habe bisher als Sinologe gesprochen. Ich habe ausgehend von diesem Anderen – China – den Ort des Nackten betrachtet. Als ich nach der Tradition des Nackten in Europa gefragt habe, ging ich von dessen Abwesenheit in China aus.

Denn die einfachen Argumente, die einem sofort einfallen, halten einer genaueren Analyse nicht stand. So erginge es z.B. dem Argument der Anstößigkeit (dem chinesischen Moralismus), denn man weiß sehr wohl, dass auch Europa die Nacktheit verurteilt hat; und außerdem ist die Nacktheit nicht das Nackte. Eine so vollkommene und ausnahmslose Abwesenheit wie die des Nackten in China, die angesichts der Größe des in Frage stehenden Kulturraums ein sehr seltenes Phänomen darstellt, erfordert eine nähere Betrachtung. Die Angelegenheit ist keineswegs anekdotischer Natur, sie steht im Mittelpunkt dieser Untersuchung. Denn das abwesende Nackte weist auf eine Unmöglichkeit zurück und erlaubt uns daher, dieser Weisung entsprechend, die Wege seines Denkens zurückzuverfolgen. Wenn man den Vergleich von der anderen Seite aus vornimmt, könnte man auch sagen: So wie die Existenz des Nackten eine Besonderheit der europäischen Kultur offenbart, zeigt dessen Abwesenheit spezifische Eigenschaften der chinesischen Kultur und des chinesischen Denkens auf. Beide Kulturen stehen zueinander in Beziehung, sie offenbaren sich gegenseitig. Seitdem ich übrigens das Fehlen des Nackten in China entdeckt habe, interessiere ich mich für seine Entwicklung in Europa. Und die Entdeckung, das Nackte nicht mehr als selbstverständlich betrachten zu können, brachte mich dazu, nach seiner Möglichkeit zu fragen (im kantischen Sinne des Wortes: Wie ist es möglich, dass es existieren *kann*?). Dies möge den Vergleich schließlich rechtfertigen: die Unmöglichkeit des Nackten in China wird uns dazu führen, seine Möglichkeitsbedingungen bei uns zu ermessen.

XI. In Wahrheit ist es schon seltsam, eine Sache nicht trotz ihrer Abwesenheit, sondern gerade wegen ihr zu behandeln. Nicht etwa weil sie ganz fehlte – das wäre zu viel gesagt –, sondern weil sie nicht da ist und diese Abwesenheit unserer Gewohnheit widerspricht. Für uns wird die Sache durch den Kontrast bedeutungsvoll. Dadurch, dass sie einen Kontrast erzeugt und das Denken in Spannung hält. Die Abwesenheit des Nackten … Man wird dort keine Nackten antreffen, weder auf Plätzen noch in Tempeln, Büchern oder Museen.

Noch seltsamer und faszinierender ist es, den Weg von dieser Abwesenheit zur Unmöglichkeit, die sie zum Ausdruck bringt, zurückzuverfolgen. Je gründlicher man die Abwesenheit des Nackten in China untersucht, desto mehr theoretische Verzweigungen treten hervor. Plötzlich eröffnet sich selbst dort eine Alternative, wo wir bislang von einer Evidenz ausgingen. Je weiter wir das Nackte seinem geistigen Boden entziehen, desto mehr Ebenen offenbaren sich, die uns die Zusammenhänge des Nackten vor Augen führen. Von diesen abgeschnitten, erscheint das unschickliche Nackte, das sich unter dem Mantel der Natur versteckte.

Seltsam ist es zu sehen, wie diese Falte sich weiter öffnet und der Ort, den das Nackte innehatte, sich wieder schließt.

XII. So müsste ich eigentlich alles, was ich bisher gleichsam ins Leere gesagt habe, noch einmal wiederholen und jedes vorgebrachte Argument daraufhin überprüfen, ob »China« es *a contrario* bestätigt. Ich beschränke mich auf einige Punkte.

Die Möglichkeit des Nackten beruht zunächst auf dem, was wir mit den Griechen die »Form« genannt haben: eine Form mit Modellfunktion, die oft mathematisch (geometrisch) gefasst ist und Idealwert hat, insofern sie eine wesensmäßige Einheit (das *eidos*) bildet. Diese Form hat das Nackte sanktioniert. »Es ist also auch in der Natur eine rationale Form (*logos*) der Schönheit, [nämlich] das Urbild der Schönheit im Leibe«,[1] erkennt selbst Plotin an, auch wenn er dann natürlich die rationale Form der Seele vorziehen wird. Anders gesagt: Es gibt einen »Archetypus« der Schönheit des menschlichen Körpers. Dieser Archetypus ist die eigentliche Form, die der Künstler zu erreichen sucht. Doch denken Sie sich nun eine »Form«, die – wie in China – nur als vorübergehende Aktualisierung eines Entwicklungsprozesses, der jedem Lebenden eigen ist, wahrgenommen wird; denken Sie sich also einen Körper, der nur die vorübergehend sichtbare Konkretisierung, durch Individuation, einer unsichtbaren energetischen Masse wäre, die sich unaufhörlich ausbreitet,

---

[1] Vgl. Plotin: *Die geistige Schönheit*, a.a.O., S. 41.

aktualisiert und wieder zusammenzieht – gleich dem Universum: Sofort verlöre das Nackte seine Konsistenz, und es gäbe kein Wesen mehr festzuhalten. Mein Körper kommt zur Welt, wächst, altert und zerfällt; er unterliegt stets der Transformation, durch die er zur Existenz gekommen ist, selbst wenn dieser fortlaufende Prozess nicht als solcher wahrnehmbar ist. Der Körper zeigt keinen dauerhaften, noch weniger einen endgültigen Zustand, der es erlaubte, das zu charakterisieren, was das Nackte festgehalten hat. Ich kann nur Phasen von ihm kennen. Wenn man nun aber die ganze Wirklichkeit als eine kontinuierliche Entwicklung begreift und folglich die Form – bzw. das, was wir ins Chinesische als eine solche (im Begriff des *xing*) übertragen – in der gleichen Weise betrachtet, also nicht als etwas Beständiges, sondern Vorübergehendes, so versteht man das Desinteresse der Chinesen an dieser außerordentlich beständigen Form, auf der das griechische Denken und Wissen beruht, und die danach strebt, das Nackte festzuhalten. Ohne Archetypen oder ewige Formen, ohne Modelle oder den Himmel der Wesenheiten könnte man nicht mehr wie Augustinus (unter dem Einfluss Plotins) sagen: »Dann wird mir Stand und Festigkeit sein in Dir, meiner Form, der Wahrheit, die Du bist«. In *forma mea – veritate tua*:[2] Die »Form« und die »Wahrheit«, unser großes antikes Paar. Das Nackte entsteht aus der Zusammenkunft der beiden.

Denn im Hintergrund des Nackten konnten wir den Begriff des Seins und die Frage des An-Sich nicht verfehlen: Das Nackte ist an sich ein solches, *res ipsa*, unüberschreitbar, von einer auf die reine Identität reduzierten Realität. Das Nackte

---

[2] Augustinus: *Bekenntnisse*, a.a.O., S. 666 f.

antwortet auf die Frage des *ti esti*: »Was ist es?« Dagegen weiß man, dass das klassische Chinesisch das Verb »sein« nicht kennt, sondern nur ein »Es gibt« und eine Kopula, und dass die Sprache insofern die Wirklichkeit nicht unter dem Aspekt des Seins, sondern des Prozesshaften (des *tao*) begreift. Wenn das Nackte in China nicht möglich ist, dann liegt dies zunächst darin begründet, dass es in der Sprache keine ontologische Verankerung findet: So bleiben allein das Fleisch (die chinesische Erotik) oder die unsittliche Nacktheit. »Es fehlt« der Sockel des Seins, auf dem das Nackte seit den Griechen errichtet wurde.

Natürlich steht auch das Verständnis des Körpers in Frage, und hier ist der Gegensatz nicht weniger beachtlich. Auf der einen Seite, im Okzident, wird der Körper vornehmlich anatomisch verstanden, als ein Fleisch tragendes Skelett, das sich zerlegen, zergliedern und analysieren lässt in Muskeln, Sehnen und Bänder usw. (man denke z.B. an die Aktlehre in den schönen Künsten und die Planskizzen der Maler). Dabei blieben die inneren Funktionen der Zirkulation und des Austauschs lange Zeit sekundär oder ganz unberücksichtigt. Gerade der zerlegte Körper hat die genaue Nachahmung erlaubt, aus der das Nackte hervorgeht. So hat man in Europa auch bei der Darstellung eines bekleideten Körpers immer damit begonnen, ihn nackt zu zeichnen. Dagegen ist auf der chinesischen Seite der Blick auf den Körper nicht anatomisch, sondern »energetisch«. Man sieht ihn als organisches Ganzes, so dass seine lebenssichernde Funktionsfähigkeit bewahrt bleibt. In enger Beziehung und steter Verbindung mit der äußeren Welt wird der Körper selbst als eine Welt angesehen, die gleichzeitig offen und geschlossen ist und in allen Teilen von zirkulierenden, Lebenskraft übertragenden Strömen durchzogen wird, gleich Schiffen, die den Meridianen folgen. Der Körper ist wie ein großer Sack (meist durch ein ovales Zeichen repräsentiert), in dessen Innerem unaufhörlich Wandlungen vorgehen, wie in der äußeren Welt; und keine der ständigen Erneuerungen im Innern zeigt sich, abgesehen von den Öffnungen (welche den Organen entsprächen), auf der Außenseite. Von der äußeren Gestaltung des Körpers aus Fleisch und Muskeln, der grob betrachtet nichts als ein tonnenförmiger Behälter für Organe ist – in den medizinischen Darstellungen fehlen üblicherweise die Gliedmaßen –, kann man eigentlich keine Offenbarung erwarten ... Und insofern die Form des Körpers nur die Verdichtung der ihn belebenden Energie ist, darf man sich auch nicht wundern, in China keinen Gegensatz zwischen »Form« und »Materie« (*eidos* und *hyle*) aufzufinden bzw. zwischen idealer Form und unbelebter Materie, aus dem sich in Europa das Nackte herausgebildet hat – noch einmal Plotin nach Aristoteles: die Kunst ist die Übertragung der Form auf die Materie.

Wenn die Anatomie, welche die Grundlage des Nackten ist, trotz der außergewöhnlich feinen Gestaltungskunst in China sehr oberflächlich geblieben ist, so liegt das daran, dass der Körper nicht den Status des Objekts erhalten hat, den das Nackte erfordert. Die Erfahrung des Körpers ist vor allem die des *eigenen Körpers*, der durch den inneren Sinn erschlossen wird. Es ist der Austausch der Lebensströme, die innerlich durch die Atmung reguliert und als kontinuierliche Abfolge erfahren wird (wie im *taijiquan*, das nichts mit unserer »Gymnastik« zu tun hat, jener »nackten« Leibesübung, die nur die Muskeln beansprucht). Weit davon entfernt, sich

der Darstellung des nackten Körpers zu widmen, eine Idee, die sie als Leichenschänderei empfänden (man denke an die Leichen, die früher in den Zeichenschulen Europas verwendet wurden), haben die Chinesen die Gewohnheit entwickelt, durch verschiedene Formungen der Kleidung – die Falten und Knitterungen des Stoffs, die Windungen des Gürtels oder die Wölbung der Ärmel – die kostbaren Rhythmen der Lebenskraft auszudrücken.

Man wird die Spaltung, aus dem das Nackte hervorgegangen ist, nicht endgültig ergründen können. Denn in diesem Gegensatz begegnen wir unweigerlich weiteren, insbesondere »ästhetischen« Ebenen (das Nackte ist ein Scheideweg; insofern ist die Unterteilung in Ebenen sinnvoll). Ich habe von der Erregung über das Hervortreten des Nackten gesprochen und von der ergreifenden Wirkung, die es hervorruft. Doch diesem *Ereignis*, das der Betrachtung gleich einem Wunder widerfährt, steht der endlose *Verlauf* des Genusses gegenüber, den die Chinesen (immer der Logik des Prozesses folgend) bevorzugt haben. Im Unterschied zur Epoptie, dem »geschauten« Nackten, als Offenbarung eines Einmaligen und Unüberschreitbaren (das »Alles ist da« des Nackten), kennen die Chinesen eher die Erfahrung einer Fadheit, deren Entfaltungsmöglichkeiten unerschöpflich sind. Es ist die Fadheit des Diskreten.[3] Dagegen ist das Nackte niemals diskret; es besitzt Einbruchkraft. Das Nackte ist immer spektakulär, ob man will oder nicht. Doch die chinesische Weisheit sagt das Gegenteil: »Am Anfang beachtete man es kaum; aber mit der Zeit strömte zunehmend

---

[3] Vgl. Francois Jullien: *Über das Fade. Eine Eloge. Zu Denken und Ästhetik in China*, aus dem Französischen von Andreas Hiepko und Joachim Kurtz, Berlin, 1999.

ein Duft von ihm aus, der nicht aufhörte, sich zu entfalten.« Yan Liben, sagt der Berichterstatter Guo Ruoxu,[4] war nach Jingzhou gegangen, um ein Bild des großen Zhang Sengyou zu sehen, der einer der ersten bedeutenden Portraitmaler war. Zunächst mochte er das Bild nicht; dann, als er zurückkehrte, schätzte er es mehr; und, als er erneut zurückgekehrt war, hörte er nicht mehr auf, es zu bewundern. Schließlich blieb er zehn Tage, bevor er sich entschließen konnte, zu gehen … Die chinesische Ästhetik verlangt, dass es stets ein ›Dahinter‹ gibt: einen Ort hinter den Worten, der Form oder dem Geschmack. »Landschaft hinter der Landschaft«, die Darstellung ist umso gelungener, je freier man sich in ihr bewegen kann. Dagegen unterbindet das Nackte gewaltsam jeden möglichen Blick ›dahinter‹, es hält den Blick fest, ergreift das Begehren und bündelt die Aufmerksamkeit. Seine Form ist endgültig: Das Nackte *hält an*, auf einen Schlag (in der Pose) und für immer.

Das Nackte tritt aus einer großen, heroischen Begegnung mit dem Sein hervor, dessen Preisgabe man anstrebt. Man bemächtigt sich seiner, damit es sich erklärt und sein Geheimnis verrät: Im Angesicht seines Modells ist der Künstler wie Ödipus, er schaut der Sphinx direkt ins Gesicht. Mir scheint dagegen, dass die Möglichkeit des Nackten in der chinesischen Tradition wegen einer Aversion gegenüber diesem *zu direkten* Blick unbeachtet geblieben ist. Sofern man von einer ideologischen Zurückhaltung sprechen kann, ist diese weniger im eigentlichen Sinne moralischer (gegenüber der Nacktheit) als ritueller Natur. Denn gegenüber dieser als gewaltsam empfundenen Deutlichkeit des Erfassens ebenso wie gegenüber dem hiermit

---

[4] Vgl. Guo Ruoxu: *Notes sur ce que j'ai vu et entendu en peinture*, aus dem Chinesischen übersetzt und erläutert von Yolaine Escande, Brüssel, 1994.

notwendig einhergehenden Wert der Unmittelbarkeit hat die chinesische Kultur ein Verhältnis der Indirektheit und der Umwege bevorzugt, das die einzelnen Wesen für sich bewahrt und ihnen eine Entwicklungsmöglichkeit offen hält. Dementsprechend empfiehlt die chinesische Rhetorik, den gewählten Gegenstand nicht »festzuzurren«, sondern ihn und seine Umgebung in einer gewissen »Schwebe« zu belassen. Indem man etwas *daneben* schreibt, fordert man einen Prozess heraus, der es erlaubt, sich dem Hervorgerufenen zu nähern und fortschreitend seine ganze Dimension zu entdecken – zu ihm zu *gelangen*. Ganz allgemein wird, zumindest in der gelehrten Kunst, ein Verhältnis zu den Gegenständen gepflegt, das lose ist und einen Spielraum für Schwankungen lässt, für die »Lebensfähigkeit« der Gegenstände. Man evoziert sie nur entfernt, vage und in einer Tonart der Abwesenheit, sie sind eher virtuell als präsent. Es gibt nichts Aggressiveres als das Nackte, selbst wenn es sich nur über einen Umweg oder eine Anspielung zeigt. Auch ist nichts offenkundiger präsent, selbst wenn der Photograph nach Belieben mit der Intensität spielen kann. Und außerdem empfiehlt die chinesische Ästhetik, in der Malerei ebenso wie in der Poesie – beide beruhen auf demselben Prinzip –, die Erfahrung nicht zwischen den Polen des »Äußeren« und des »Inneren«, dem »Gefühl« und der »Landschaft« (*qing* und *jing*) zu trennen – jede wirkliche Gestaltung entsteht aus dem Zusammentreffen und dem Zusammenspiel zwischen der visuellen und der inneren Erfahrung. Die chinesische Ästhetik ist von dieser Objektivierung des Intimsten, der das Nackte geschuldet ist und deren Kraft es auf den Gipfel führt, sehr weit entfernt.

Man wird, kurz gesagt, die Frage nicht länger vermeiden

können: Haben die Künstler und Ästheten in China das Schöne angestrebt? Diese Frage ist unausweichlich, wenn der Begriff des Schönen bei uns tatsächlich, zumindest bis zur Moderne, mit der idealen Form verbunden bleibt und es diese Form ist, die das Nackte *verkörpert*. Wenn man dagegen die chinesischen Abhandlungen über Ästhetik liest, stellt man fest, dass dort der Schwerpunkt auf die innere Resonanz (*qiyun*) der Gestaltung, die von ihr ausgehende Ausstrahlung (*shencai*) und Atmosphäre (*fengshen*) gelegt wird. Die chinesischen Künstler wollen weder das Sichtbarste im Bereich des Sichtbaren hervortreten noch das Ideal zum Sichtbaren herabsteigen lassen. Sie streben vielmehr danach, das Unsichtbare *durch* das Sichtbare *hindurch* einzufangen: diese Dimension der unsichtbaren und unendlichen Wirkungskraft bzw. des Geistes (*shen*), der unaufhörlich das Sichtbare durchdringt und belebt. Um eine menschliche Figur darzustellen, versuchen sie, die Eigenschaft des Lebendigen zu erfassen, die allein der Gestaltung (*yisi*) einen »Sinn geben« kann. Jedoch ist das »Leben« nicht durch eine Ähnlichkeit der Form (*xingsi*) erreichbar, von der historisch das Nackte abhängt. Um einen Menschen zu evozieren, genügt es schon, mit zwei Punkten die Augen anzudeuten ... Der erste große Maler Chinas, Gu Kaizhi, ließ manchmal Jahre verstreichen, bevor er mit zwei Punkten die Augen in ein Portrait setzte. Auf die Frage, warum er das mache, antwortete er: »Die Anmut oder die Hässlichkeit der vier Gliedmaßen« sind in Wirklichkeit ohne Bezug zu jenem subtilen Punkt, an dem »sich der Geist überträgt«.

Das Nackte ruft nach der Betrachtung des Ideals, diese Dimension der unsichtbaren Wirkungskraft oder des »Geistes« überträgt es nicht.

Dies ist erst der Anfang der Spaltung. Aber wir können immerhin schon damit beginnen, von diesem Außen das Nackte *einzukreisen*. Und zur gleichen Zeit sehen wir, wie sich ein neues Objekt abzeichnet, das umso interessanter zu denken ist, insofern es durch seine Abwesenheit zu identifizieren ist: das unmögliche Nackte.

Das unmögliche Nackte

I. Das *Nackte* verstünde sich also nicht von selbst. Die Nacktheit ist allgemein, ebenso die Scham – das Nackte beruhte dagegen auf einer Wahl. Und diese Wahl wäre gerade diejenige, die der Philosophie zugrunde liegt: Denn das Nackte ist das »Ding selbst« – es ist das An-Sich, das Wesen. Das führt uns sogleich zu der Frage zurück: Kennzeichnet das Nackte nicht jenseits der Philosophie eine gewisse Voreingenommenheit des Denkens, in der Weise, wie es die Wirklichkeit erfasst und sich auf diese bezieht?

Man hätte annehmen können, dass die Kunst mit dem Nackten verschmilzt. Denn das Nackte ist genauso alt wie die Kunst: Kann man nicht das Nackte sogar auf die anthropomorphen Figuren oder die steinzeitlichen Felsenmalereien zurückführen? Schon die fast 5000 Jahre alten *Kykladenidole* versetzen uns in Erstaunen, insofern sie das Nackte bereits geometrisch zu fassen und alle (fein stilisierten) Körperteile in eine Gesamtarchitektur zu integrieren suchen. Ebenso zeugt in dem Fresko der *Musikantinnen* der Grabkammer von Nakht in Luxor die nackte Lautenspielerin inmitten der Gruppe der in weiße Tuniken gekleideten Mädchen – zwischen denen sie einen Übergang schafft, indem sie der einen folgt und sich gleichzeitig zur anderen herumdreht – von einer sinnlichen

Präsenz, deren Reiz durch die fließenden Konturen noch akzentuiert wird. Die anspruchsvolle Modellform des Nackten ist hier bereits vorhanden; es ist die Anmut eines zarten Körpers. Muss man also gar nicht auf die Griechen warten, um das Nackte hervortreten zu sehen?

Im Verhältnis dazu stellt China also mehr als nur eine Ausnahme dar. Denn die Ausnahme wäre nicht nur in Anbetracht der Größe schon von besonderer Bedeutung; es gilt aber vor allem zu sehen, was in der Entwicklung der chinesischen Ästhetik dem Nackten *widerstanden* hat, was seine Möglichkeit versperrt hat. China ist am Nackten *vorbeigegangen*. Daher stellt sich die Frage, was die Entfaltung des Nackten in China verhindert hat und welche andere Möglichkeit an seiner Stelle die Oberhand gewonnen hat, so dass das Nackte verdeckt und versperrt werden konnte. Und noch grundsätzlicher: Was ist – auf einer kulturellen Ebene – eine Möglichkeit, die sich nicht entfaltet (und wie ist diese zu verstehen)? Die Frage hat für mich, wie gesagt, nichts Anekdotisches. Sie lässt sich nicht in das sehr weit reichende und inzwischen sehr gut ausgelotete Gebiet der Anthropologie einordnen. In ihrem Kern ist die Frage philosophisch. Und diesen Kern würde ich gerne über jenen Umweg – ausgehend vom Nackten und von China – zutage fördern und beleuchten. Denn das Nackte ist nicht nur für die ästhetische Originalität der chinesischen Tradition im Vergleich zur unseren aufschlussreich (denn sie macht ja gerade diese Gegenüberstellung möglich); es soll uns auch generell erlauben, die Verbindungslinie zwischen der Kunst und dem Denken zurückzuverfolgen, oder genauer: zwischen der »Kunst« und dem *Impliziten* unserer Denkweisen. Das Nackte offenbart die verborgenen oder vergessenen Entscheidungen unseres Geistes. Was für so gewöhnlich gehalten wurde – der akademische Akt –, zeigt uns plötzlich das, was wir gemeinhin als »Repräsentation« auffassen, als ein Abwesendes und weist es auf seine Unmöglichkeit zurück. Unsere Auffassung von der Repräsentation ist in der Tat so allgemein, dass uns der Begriff am Ende nichts mehr sagt. Was hingegen das Nackte gebündelt hat – und dies entdecken wir indirekt über China –, eröffnet uns einen Zugang zu ihm. Das Nackte hört nicht auf, uns nach unserem Denken zu fragen; allerdings tut es dies implizit und ohne dass wir es direkt nach der »Form«, dem »Ideal« oder der »Schönheit« befragen können.

II. Auf einer derart komparatistischen Grundlage formuliert, erscheint die Fragestellung annehmbar. Ich muss dennoch zugeben, dass ich dabei ein gewisses Unbehagen empfinde.

Mehr noch als bei anderen Fragen, die ich bisher im Hinblick auf die chinesische Zivilisation gestellt habe (die Indirektheit des Diskurses, die strategische Manipulation usw.), handelt es sich hier nämlich um eine Frage, die ich mit meinen chinesischen Gesprächspartnern kaum erörtern kann. Jenseits der ersten Schwierigkeit (die auf der üblichen Verwechslung zwischen dem Nackten und der Nacktheit beruht, jenem Gegenteil also, aus dem es hervorgeht) habe ich, kaum dass ich mich auf das Gebiet vorgewagt hatte, sofort einsehen müssen, dass sie die Frage gar nicht interessiert. Ich kann mich meinerseits allerdings auch nicht mit den erstbesten der angeführten Gründe begnügen: der Scham (oder negativer formuliert, dem Moralismus der chinesischen Tradition), der Stellung der Frau in China usw.

Es ist wahrlich eine seltsame Situation, die mich vom erträumten philosophischen Gespräch, zumindest in diesem Punkt, zum Selbstgespräch des Anthropologen auf fremdem Terrain zurückführt. Gleichzeitig muss man feststellen, dass die chinesische Kultur aufgrund ihres selbstreflexiven und sehr literarischen Charakters kaum Zugang zur Anthropologie gefunden hat. (Die Anthropologie beschränkt sich im Allgemeinen auf die Ränder oder die Minderheiten der Kultur, den Hakkas, den Miaos usw.). Das ist also die erste Schwierigkeit meiner Arbeit, die sich sogleich verschärft: Innerhalb der chinesischen Zivilisation existiert (ebenso wie innerhalb der unseren) eine solche Frage nicht (obwohl das chinesische Denken, wie das unsere, ausdrücklich Fragen allgemeiner Gültigkeit gestellt hat). Nur weil ich ausgehend von meinem eigenen Werdegang als Sinologe und Philosoph die Perspektiven gegeneinander laufen lasse – einen Gedanken im anderen spiegle, einen Gedanken durch den anderen befrage –, *kann* eine solche Frage überhaupt erst aufgeworfen werden. Darum fühle ich mich so einsam, wenn ich sie stelle. Gleichzeitig Sinologe und Philosoph? Aber die Philosophen haben doch ihre grundlegenden Fragen und leben von ihren eigenen Quellen. Die Sinologen haben ihrerseits ihre bestehenden, aus China überlieferten Gegenstände. In Frankreich wie im Ausland ... Intellektuell bin ich tatsächlich allein.

Das erinnert mich daran, wie ich dazu kam, mir die Frage nach dem Nackten zu stellen. Es war Anfang der 1980er Jahre, nachdem Deng Xiaoping zurück an die Macht gekommen war und China begann, sich (im Sprachgebrauch der Zeit) zu »öffnen«. China öffnete sich dem Ausland (seinem Kapital) und der Marktwirtschaft. Und um dies zu erreichen, musste das Land genügend vertrauenswürdige und unmittelbar wahrnehmbare Bürgschaften liefern, die den neuen Willen des Austauschs mit dem Westen dokumentierten.

So musste der Flughafen von Peking, der damals der einzige mit internationaler Anbindung war, ausgebaut und modernisiert werden. Dabei wurden die Wände des Restaurants mit Aktmalereien versehen. Doch waren dies wirklich Akte? Zumindest erinnere ich mich an halb bekleidete Frauen, die im Stile Gauguins gemalt waren. Frauen des Südens, Angehörige von »Minderheiten« natürlich (aus Xishuangbanna): Das Nackte blieb exotisch; außerdem war es in dieser Vitrine Chinas fast nur für Ausländer auf der Durchreise zu sehen, was die Marginalität noch steigerte.

Trotzdem ist diese Malerei sehr schnell zum Thema eines Disputs auf höchster politischer Ebene geworden (zwischen der Fraktion Deng Xiaopings und der konservativen Fraktion des »designierten« Erben Maos). Letzterer war ein Kritiker der Neuorientierung des Regimes und sah in ihr ein Zeichen des »schädlichen« westlichen Einflusses. Deng Xiaoping hatte dagegen vor Ort den Journalisten erklärt, dass die Malerei akzeptabel sei. Ich selbst habe die Wand einmal freiliegend und ein anderes Mal durch einen großen Vorhang verdeckt gesehen. Und dann habe ich nicht einmal mehr die Wand gesehen. Welches Unbehagen kam hier zum Vorschein? Ich fragte mich, ob man an dieser Stelle nicht weitersuchen müsste.

Eines zumindest war sicher: Dort wurde ein empfindlicher Punkt getroffen. Und etwas anderes schien auch wahrscheinlich: Der Konflikt zwischen dem Zeichen (des Entgegenkommens) gegenüber dem Ausländer – welches nicht willkürlich gewählt wurde: das Nackte! – und der Reaktion, die es unmittelbar auslöste, ließ andere kulturelle und ideologische Standpunkte aufscheinen als die von den Führern und den Medien vorgebrachten (die »Öffnung« gegen die Orthodoxie). Jede der Seiten hielt sich an den Vorwand, ohne die Archäologie des Streits zurückverfolgen zu wollen. Unter dem strapazierten Symbol (des Kampfes zwischen zwei Fraktionen) tritt dennoch ein Symptom zutage, das man allerdings nicht analysieren wollte: Dieses Nackte (bzw. Halbnackte) war ein Implantat, das sich nicht annehmen ließ.

Man wird, mit Recht, die chinesische »Tradition« heranziehen wollen. Aber hat man denn jemals in China das Nackte wirklich gemalt oder in Stein gehauen? Und wer war der Erste, von dem man berichtete, er sei nackt gewesen? Der große Yu, heißt es in einem Sprichwort, sei in »das Land der Nackten« gegangen. Doch dies diente nur als Beispiel für seine Fähigkeit, sich den herrschenden Bedingungen anzupassen. Die Nacktheit ist, wie anderswo auch, eine Quelle der Schande, selbst wenn man glaubt, sich gegen sie wappnen zu können. Mencius lässt einen der frühen Weisen (Liu Hia Hui), den er jedoch des Öfteren einer zu großen Nachlässigkeit beschuldigt, sagen: »Wenn du auch nackt und bloß an meiner Seite stehst, wie kannst du mich beflecken?« (II, A, 9)[1] Die Nacktheit kann nach dem Register des Taoismus aber auch als Zeichen äußerster Ungezwungenheit gelten, die mit künstlerischer Freiheit und Genialität einhergeht (der gute Maler des *Zhuangzi* entkleidete sich und machte es sich, bis zur Hüfte nackt, bequem, bevor er ein Werk in Angriff nahm). Liu Ling, einer der sieben Figuren aus dem berühmten Bambuswäldchen,

---

[1] Mong Dsï (Mencius): *Die Lehrgespräche des Meisters Meng K'o*, aus dem Chinesischen übertragen und erläutert von Richard Wilhelm, Köln, 1982, S. 76.

hat sich im 3. Jh. n. Chr. sogar dadurch ausgezeichnet, dass er die gemeinhin verabscheute Exzentrizität zweifellos weiter vorangetrieben hat als irgendjemand sonst. Tatsächlich hat der Individualismus in China selten so nachdrücklich sein Recht eingefordert als in diesem auf die Han-Dynastie folgenden Jahrhundert, als das Imperium und die offizielle Ideologie zusammenbrachen. Auf diesen Trümmern und um andere Neigungen zu befriedigen als die dem Staat zu dienen, wurden die taoistischen Lehren wiederbelebt. Mit ihnen rechtfertigte man die Befreiung des Weisen von den Zwängen der Gesellschaft. Die Weisheit bedeutete fortan, nach den eigenen Vorstellungen zu leben. Von Liu Ling berichtet man, dass er zeitlebens nur ein einziges Gedicht veröffentlicht habe, »Das Lob von der Tugend des Weins«, in dem – ganz im

Gegensatz zu den kodifizierten Werten und in vollständiger Missachtung der rituellen Vorschriften und philosophische Diskussionen – die vollkommene Sorglosigkeit gefeiert wird, die man durch die Flucht ins Jenseits der zu engen Grenzen unserer Welt erreicht. »Himmel und Erde sind nur ein Morgen / die zehntausend Zeitalter nur ein Moment ...« Nach dem Bild, das man von ihm zeichnet, bestieg er einen von einem Hirsch gezogen Wagen, einen Krug Wein in der Hand; und ein Mann folgte ihm, einen Spaten tragend, bereit, ihn an Ort und Stelle zu beerdigen, wenn er stürbe. »Er behandelte seinen Körper wie die Erde oder das Holz, und sein Leben lang bewegte er sich, wie es ihm gefiel.« Und wenn er sich dem Trunk hingab, fügt die Chronik noch hinzu, legte er seine Kleider ab und weilte nackt in seinem Zimmer. Den Richtern antwortet er schamlos: »Ich halte den Himmel und die Erde für mein Haus und dieses Zimmer für meine Hose. Was, meine Herren, haben Sie in meiner Hose zu suchen?«

Doch selbst dieser seltsame Mensch, der dafür berühmt war, seinen Hang zur Emanzipation so weit getrieben zu haben, dass er sich sogar in der Nacktheit gefiel, ist niemals nackt dargestellt worden. Auf dem Flachrelief des Grabes von Xishanqiao in Nanjing sieht man ihn, in der gleichen Weise wie seine berühmten Komparsen aus dem Bambuswäldchen, in einer weiten Tunika gekleidet, deren reichhaltige Falten sich auf dem Boden ausbreiten (s. Abb. S. 71). Das einzige Zeichen für die Abkehr von den Gesetzen der Welt ist, dass er wie die anderen barfuß ist. Genau genommen sind die Portraits alle gleich: Man kann nicht einmal die so gepriesene Schönheit des Xi Kang von der sprichwörtlichen Hässlichkeit des Liu Ling unterscheiden. Die Ausstrahlung dieser Figur aber, genauso wie die üppige Drapierung, der lockere, sorglose Wurf des Kleides – bis hin zur Schlankheit der Baumstämme, die ihn umrahmen, der Zartheit der Zweige, die ihn bedecken – genügen hier, um das Wesentliche zu sagen. »Rein«, »ruhig«, »erhaben« und in sich zurückgezogen, hört er nur auf seinen inneren Antrieb und lässt seiner »Natürlichkeit« freien Lauf. Die Welt transzendierend, aber transparent gegenüber sich selbst und den wenigen, die ihn verstehen. Seine Subtilität beruht auf seiner Fähigkeit, »natürlich« zu bleiben; darum ist seine Welt – welche die wahre Welt ist – so leicht, sie ist weder der physischen noch der moralischen Schwere mehr unterworfen. Und daher ist alles geschwungen, die Falten, die Gesten, das Blattwerk; hier ist kein Platz für die Steifheit, alles rundet sich ab, um zusammenzukommen: Nichts stößt an; nichts ist dicht gedrängt oder überladen, es werden Freiräume gelassen. Alles variiert, während es zugleich in Harmonie korrespondiert. Man ist von der Dichte und der komplexen Textur der Dinge befreit; was bleibt, ist allein die Bewegung. Schließlich ist das Leben zügellos: Statt eine moralische Lektion zu erteilen, wie in der vorangehenden Epoche, »überträgt« dieses Portrait eine innere Sorglosigkeit; es strebt ein Stadium der Losgelöstheit an.

Gegen die Behauptung, dass es die Darstellung des Nackten in China nicht gibt, könnte man die Existenz erotischer Akte vorbringen. Sicher, schon sehr früh waren die Handbücher über die Liebeskunst mit Bildern versehen. Ein Maler wie Zhou Fang (um 800) ist ebenso berühmt für seine Darstellungen der Damen des Palastes wie für die Kunst, Szenen aus der Schlafkammer zu malen. Das Gleiche gilt für Zhao Mengfu. Doch wenn man sich die ersten uns erhaltenen Aktdarstellungen von Qiu Ying aus dem 16. Jahrhundert

ansieht, wird man verwundert sein. Es sind bekleidete Körper, die hier voller Anmut und mit feinem Strich gezeichnet sind. Während die Frau gerade dabei ist, den über ihr befindlichen Rollvorhang zu lösen, lässt sie ihren zart geschwungenen Unterarm sehen, und der Liebhaber, hinter ihr, nutzt die Gelegenheit, um seine Arme um ihre Taille zu schließen. Die Wellenlinien der zwei Tuniken, die farblich übereinstimmen und bis hin zu den Falten miteinander verschmelzen, deuten das Einvernehmen der Affekte an (s. Abb. o. links). Betrachten Sie dagegen die folgende Szene der gleichen Rolle: Die beiden entblößten Körper erscheinen wie zwei auf dem Stuhl übereinander gestapelte Säcke (s. Abb. o. rechts). Sie haben nicht nur jegliche Konsistenz verloren, vielmehr ist der Körper selbst formlos – weder klar stilisiert noch deutlich anatomisch aufgegliedert. Der Körper hat keine Gestalt, das Fleisch keine Farbe. Dagegen wird das eigentlich Sexuelle wie üblich schonungslos zur Schau gestellt. Die ganze Kunst des Zeichnens – dessen wird man bei längerer Betrachtung dieser Bilder gewahr – offenbart sich erst in den Details des umgebenden Dekors. Während die Körper ausdruckslos und grobschlächtig sind, entwickeln die wertvollen Gegenstände auf dem Tisch, die Pflanzen und die Falten der zur Seite gelegten Kleider in ihren kontrastierenden Farben – »Gleichmaß, Beschaulichkeit und Überfluß«[2] – die erotisch aufgeladene Atmosphäre. Eine subtile Erotik, die durch das Detail ausgestrahlt, durch Umwege angedeutet wird. Auf einem anderen Bild, das eine Szene im Freien darstellt, wird sie von der Höhle des Felsens, dem mannigfaltigen Blattwerk und selbst von den Arabesken des Teppichs gleichsam absorbiert: und das Nackte seinerseits interessiert wieder einmal – trotz der ausgesprochenen Feinheit der Zeichnung – überhaupt nicht.

Hieraus können wir die ersten Merkmale ableiten. Zunächst die Feststellung, dass sich das Nackte, als Möglichkeit und Effekt der Kunst, in China nicht vom Fleischlichen und der Nacktheit abgespalten hat. Für »pornographisch« sagt man im modernen Chinesisch immer noch einfach »(mit) nackte(m) Körper« (*luoti*) – die semantische Unterscheidung wurde nicht vollzogen. Andererseits kann man aus dem Umstand, dass ein Körper in der chinesischen Erotik offensichtlich nackt dargestellt werden kann, ohne dass er deswegen aber ein Nacktes konstituiert, schlussfolgern, dass es für das *Nackte* eine *Form* geben muss, welche *selbstkonsistent* ist (nur nach welchem Prinzip?). Anders gesagt, die menschlichen Körper können

---

[2] »Luxe, calme et volupté«. Charles Baudelaire: *L'Invitaion au voyage* (*Einladung zur Reise*), in: *Les Fleurs du Mal / Die Blumen des Bösen*, übersetzt von Monika Fahrenbach-Wachendorff, Stuttgart, 1980, S. 109.

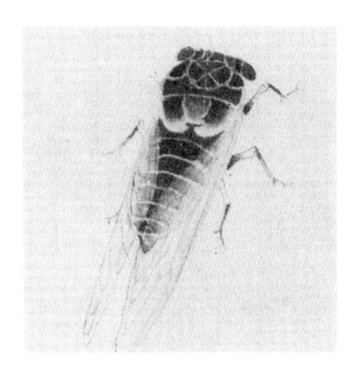

weitgehend entkleidet sein, wie in dem Gemälde *Ruhende Pferde* (von Zhao Mengfu), und trotzdem gereicht es nicht zur *Präsenz* des Nackten (s. Abb. S. 76). Und dasselbe ist in umgekehrter Richtung ebenso wahr: Man kann es mit einem Nackten zu tun haben, ohne dass der Körper vollständig entkleidet ist (dass z. B. das Geschlecht verdeckt ist, ändert daran nichts).

Dieses Bild mit den Pferden beweist uns, sofern das überhaupt notwendig ist, noch etwas anderes: Wenn der chinesische Maler das Nackte vernachlässigt, heißt das nicht, dass er nicht hervorragend zeichnen kann. Denn er hat eine äußerst feine Beobachtungsgabe. Diese Pferde sind perfekt wiedergegeben, die Proportionen stimmen genau. Die chinesischen Maler haben allgemein eine Vorliebe für Pferde, und die Kommentatoren widmen ihnen oft einen eigenen Abschnitt in ihren Traktaten. Betrachten Sie auch die Insekten (s. Abb. S. 77). Wir müssen also unsere Fragestellung präziser fassen: Warum hat ihn der menschliche Körper *an sich* weniger interessiert? Natürlich sind weder die Pferde noch die Insekten nackt; es ist also das Nackte *als solches*, das in Frage steht

III. Kann man jedoch so allgemein von der »chinesischen Tradition« sprechen? Unterliegt diese nicht, wie jede andere, dem Einfluss einer Geschichte? Anders gefragt: Was nimmt man wahr, wenn man genauer hinsieht – und China aus seiner vermeintlichen »Unbeweglichkeit« herausholt?

Die Richtung, die seine Entwicklung nahm, bestätigt uns. Denn mit der Erneuerung der chinesischen Kunst und vor allem der Malerei verliert die Darstellung der menschlichen Gestalt zunehmend an Bedeutung. Dabei war sie es, die zu

Beginn als die schwierigste galt. Durch die Darstellung der menschlichen Gestalt haben die ersten Meister (z.B. Gu Kaizhi), die ihr im Übrigen eher einen moralischen Tadel als einen ästhetischen Wert beimaßen, ihren Ruhm erlangt. Doch in der Folge verliert die menschliche Gestalt ihren Rang an die Landschaft. (Die Wende wird spätestens in der Song-Dynastie zwischen dem 11. und 13. Jahrhundert, vor allem unter dem Einfluss von Su Dongpo vollzogen.) Warum aber dieses Desinteresse? Zunächst natürlich, weil die Landschaftsmalerei den Ansprüchen des »gelehrten« Malers mehr entsprach. Denn dieser malt auf dem begrenzten Raum des Papiers oder der Seide (die Wandmalerei geht zunehmend auf die Kunsthandwerker über) niemals ein (privilegiertes) Objekt, sondern immer die ganze Welt. Er reproduziert das Wirken des »Leeren« und des »Vollen«, die wechselseitige Durchdringung des Sichtbaren und des Unsichtbaren: Er »repräsentiert« die Natur nicht, indem er sie nachahmt oder gar einen Teil von ihr auswählt (die »schöne Natur«), sondern er *reproduziert* ihren unaufhörlichen Prozess. Bis zum feinsten Bambushalm oder dem leichten Irisieren des Wassers malt er das Aufkommen der Formen aus ihrer ursprünglichen Ununterscheidbarkeit – er malt das »Kosmische«. Sein Verdienst ist es, wie uns gesagt wird, in die »Transformation« der Dinge (*hua*) einzudringen, die Strichführung selbst mit der Aktualisierung der Dinge einhergehen zu lassen (vgl. das Traktat des Shitao).[1] Er durchdringt die Aufeinanderfolge der Dinge, die den Rhythmus der Pinselbewegung ebenso wie den des Weltenlaufs bestimmen – zwischen dem Konvexen und dem Konkaven, dem Vertikalen

---

[1] Vgl. Pierre Ryckmans: *Les ›Propos sur la peinture‹ de Shitao*. Brüssel, 1970.

und dem Geneigten, dem Fahlen und dem Kräftigen, zwischen dem Dichten und dem Spärlichen … Hierfür eignen sich eine »ganze« Landschaft, oben und unten, »Berge und Wasser«, die in ihrer wesensmäßigen Komplementarität erfasst wird, oder auch nur die unbestimmte Form eines Felsens besser – weil eher verfügbar – als ein zu zeichnender Körper mit seinen proportionierten Gliedmaßen, dessen vorgegebene Form zu respektieren ist. Der klassische Kommentar nimmt folgende Abgrenzung vor: »Was die buddhistischen und taoistischen Figuren betrifft, Persönlichkeiten, Männer und Frauen, Rinder und Pferde, ist die gegenwärtige Epoche der vergangenen unterlegen; was aber die Landschaften betrifft, Bäume und Felsen, Blumen und Bambus, Vögel und Fische, ist die Vergangenheit der Gegenwart unterlegen.« (Guo Ruoxu, L. B., S. 61) [2]

Man wird an dieser nach Bildthemen unterteilten Nomenklatur bemerken, dass der »Mensch« nicht als eigene Kategorie erscheint. Aus Gründen der Ehrerbietung werden die religiösen Persönlichkeiten vorab an erster Stelle genannt; es folgen »Männer und Frauen«, als kollektiver Begriff, auf der gleichen Ebene wie Rinder und Pferde. Es gibt also keine eigene Rubrik für die Darstellung der menschlichen Gestalt; das Sujet Mensch ist auf mehrere Rubriken verstreut und besitzt keinen eigenen Gattungsstatus. Das bestätigt auch ein anderes Traktat, das die Malerei nach den Gattungen »taoistisch und buddhistisch«, »Persönlichkeiten« und »Barbaren« klassifiziert (Xuanhe huapu, L. B., S. 466). Oder jenes von Mi Fu, das nach den

---

[2] Alle mit L. B. abgekürzten Zitate verweisen auf den Sammelband *Zhongguo hualun leibian*, herausgegeben von Yu Jianhua, Hong Kong, Zhonghua shuju, 1973. Von diesem Band chinesischer Schriften über die Malerei gibt es, dem Autor zufolge, bisher keine Übersetzung in eine europäische Sprache.

buddhistischen Themen die narrativen Gemälde aufführt, dann die Landschaften, gefolgt von der Rubrik »Bambus, Bäume, Wasser und Felsen« sowie an letzter Stelle die weiblichen Figuren, über deren Darstellung es weiter ausgeführt heißt, dass sie »ein möglicher Zeitvertreib für den gebildeten Adel sei und nicht zu den reinen Freuden gezählt werden dürfe«. »Männer« und »Frauen« sind in Gruppen voneinander geschieden oder geben zumindest Anlass für eine axiologische Verteilung, statt in einer gemeinsamen Wesenheit zu verschmelzen (welche die klassische Ausdrucksweise, in der die figürliche Malerei mit *shi-nü-hua*[3] bezeichnet wird, noch beibehält).

Die chinesischen Traktate über die Malerei bestehen sogar darauf, in der Behandlung von Personen sorgfältig zwischen den sozialen Klassen und den Epochen zu unterscheiden. Hierzu trägt die Kleidung bei, die besonders in China (und vor allem in der Vergangenheit) ein deutliches Zeichen für bestimmte Klassen und Epochen ist. Das Nackte dagegen hat, wie man feststellt, den genau entgegengesetzten Effekt. Indem es den »Menschen« den Unterschieden der Epoche oder der sozialen Bedingungen enthebt, »abstrahiert« es ihn. Das Nackte ist einheitlich-egalitär. Das Nackte ist seit Anbeginn der Zeiten (seit Adam); es hält sogar die Zeit des Menschen an (siehe die Formfülle der Jugend, das privilegierte Objekt des Nackten). Auf der einen Seite, in China, gibt es die menschlichen *und* die anderen Wesen (*ren-wu*); auf der anderen Seite steht isoliert das Nackte. Dieses Nackte ist einzigartig. Denn seit Tausenden von Jahren sucht das Nackte mit größter Hartnäckigkeit die immer gleiche Frage der Sphinx zu beantworten: Was ist der

---

[3] »Shi-nü-hua« bedeutet wörtlich: »Die Malerei von Männern und Frauen«.

Mensch *in seiner Allgemeinheit*? Diese Frage wurde als solche in China niemals gestellt (und daher entwickelte sich dort die Weisheit und nicht die Philosophie). Mit anderen Worten dient das Nackte als Begriff des Menschen; es identifiziert ihn in seinem Wesen, indem es ihn auf eine gleiche organische Anlage *reduziert* und unter einer gleichen Gemeinschaft des Fleisches und der Form *subsumiert*. Das Nackte trennt den Menschen von der Welt, es isoliert ihn, während es zugleich seine allgemeinen Züge zeichnet – seine Wirkung ist generisch.

Man hätte gern das Gegenteil angenommen: dass nämlich das Nackte den Menschen, indem es ihn von der Künstlichkeit der Kleidung befreit, mit der Natur gleichsetzte. Dass es ihm die Natur gleichsam zurückgäbe. Dies hieße jedoch, der impliziten Dialektik, die zum Nackten führt, nicht Rechnung zu tragen: Wenn die Kleidung – oder eher das Moment der Kleidung – den Menschen eindeutig vom Tierreich trennt, so hebt das Moment des Nackten, indem es das Natürliche wiederfindet, diesen Gegensatz noch einmal hervor und verstärkt ihn. Es bewirkt eine Verdoppelung der Ebenen und ruft die einer *reinen* Repräsentation hervor. Allein der Mensch ist nackt und nur er kann es sein. Sein eigentliches Wesen erscheint dadurch umso deutlicher; ebenso wie die von ihm gefürchtete Einsamkeit innerhalb der Schöpfung. Weil es den Effekt des Bewusstseins (des *Für-Sich*) mit einbezieht, verkörpert das Nackte, eher als die Bekleidung, den Einschnitt der Zivilisation. Und selbst wenn es der Versuchung der Natur erliegt oder sich hinter dieser zu verbergen sucht, könnte das Nackte diese gewaltige Aufgabe – der Abstraktion und der Trennung –, deren Gegenstand es seit den Anfängen ist, gar nicht verschleiern.

Das Nackte entlässt den Menschen aus der Natur und sperrt ihn in die Einsamkeit seines Bewusstseins. Sieht man das nicht bereits in der klassischen Landschaftsmalerei des Okzidents, mit der das Nackte niemals eine Einheit bildet? Denken Sie an Poussin. Die Landschaft ist hier nur Dekor, von dem sich das Nackte löst. Im Gegensatz dazu betonen die Traktate über die Malerei in China gerade die Weise, in der die (bekleidete) Person der Landschaft »antworten« und mit ihr im Einvernehmen stehen soll. Ebenso antwortet ihr die Landschaft. Sie müssen sich »einander zuwenden«: »Es ist, als ob der Mensch den Berg betrachtete und auch der Berg sich neigte, um den Menschen zu betrachten.« Oder: »Ein Lautenspieler muss den Anschein erwecken, dem Mond zuzuhören, und man sollte ebenso den Eindruck haben, dass der ruhende Mond gerade dabei ist, der Laute zuzuhören.« (*Der Senfkorngarten*, Sektion *ren-wu*)[4] Eine Person zu malen, bedeutet daher, sie im Einklang mit der Welt zu malen, sie in diese eintauchen zu lassen. Der *Senfkorngarten*, ein technisches Lehrbuch, sagt uns z. B. (in der Legende rechts neben der Abbildung), wie man eine Person »im Herbst in den Bergen mit den Händen auf dem Rücken spazierengehend« darstellt (s. Abb. S. 84). Der natürliche Kontext – der Ort und die Jahreszeit –, der zuvorderst angegeben, *aber nicht dargestellt* wird, ist also untrennbar von der eigentlichen Gestaltung der Person. Andernfalls, fährt der Kommentator fort, »ist der Berg allein der Berg und der Mensch ist allein der Mensch«. Wenn

---

[4] Vgl. Wang Gai und Li Liu-fang: *Der Senfkorngarten. Lehrbuch der chinesischen Malerei*, übersetzt von Angelika Obletter und Emilie Sun-Maden, herausgegeben von Hans Daucher (u. a.), 2 Bände, Ravensburg, 1987. Die Sektion *ren-wu* ist in der deutschen Übersetzung jedoch nicht enthalten!

der Berg nur ein Berg und der Mensch nur ein Mensch ist, löst sich ihre enge Beziehung auf und ihr gemeinsamer Ursprung, den der Maler zu erreichen suchte – der Ort selbst, den das Werk des Malers anstrebte –, ist verloren.

Das Nackte bringt seinerseits gerade dieses »ist allein der Mensch« zur Geltung; ohne jeglichen Kontext malt es die ganze Fülle dieses *Allein*: sein Wesen.

IV. Diese Idee vom Wesen des Menschen und von der Selbstkonsistenz des Nackten wird von der Morphologie getragen; sie ist es, die *spezifiziert*. Es ist bekannt, dass die Wissenschaft der Anatomie in Griechenland (mit Galen) eine bemerkenswerte Entwicklung durchlaufen hat. Die Anatomie entspricht in der Tat der Vorliebe der Griechen für die Analyse. Und dieses Wissen ist es, das in der europäischen Tradition zur Grundlage der Kunst der Malerei herangezogen wurde. In seinem *Buch von der Malerei* kommt Leonardo da Vinci immer wieder darauf zurück. Die Kenntnis des Malers kann auf diesem Gebiet niemals genau genug sein: »Damit ein Maler bei den Stellungen und Gesten, die man im Nackten darstellen kann, sich als ein guter Gliedmassenmacher und Zusammenordner erweisen könne, so ist es etwas sehr notwendiges für ihn, daß er die Anatomie der Nerven (oder Sehnen), Knochen, Kurz- und Langmuskeln kenne, damit er bei den verschiedenen Bewegungen und Kraftäußerungen wisse, welcher Nerv oder Muskel der Veranlasser der Bewegung sei ...«[1] Und er fährt fort: »So kann er die Muskeln zugleich auf verschiedene und allgemeingültige Weise darstellen.« Verschiedenheit und Allgemeingültigkeit, dies ist die doppelte Anforderung, die hier zugrunde liegt: Denn unter der Verschiedenheit der augenscheinlichen Begebenheiten scheint die Einheit eines Gesetzes hindurch; die Vorgehensweise ist wissenschaftlich. Für Leonardo wie für die gesamte klassische Malerei in Europa ist der menschliche Körper ein physischer Körper, der strengen Prinzipien des Muskelspannung, des Gleichgewichts und der Ponderation unterworfen ist; der zugleich von innen durch die Kausalität der Kräfte gelenkt und von außen nach den Gesetzen der Optik wahrgenommen wird. Um diesen Körper wiederzugeben, den er zunächst, im Plan, immer als einen nackten erfasst, muss der Maler auch das Zusammenwirken der Kräfte studieren, die einwirkenden Schub- und Zugkräfte analysieren, die Spannungspunkte ausloten und die Stützpunkte bestimmen; er konstruiert die Achsen und ermittelt die Schwerpunkte sowie die Tragepunkte. Er ist Physiker und Geometer zur gleichen Zeit; er berechnet Winkel, bestimmt Proportionen und stellt Gleichungen auf (siehe die Auszüge Leonardos auf den folgenden Seiten).

In China wird der menschliche Körper auf eine ganz andere Weise wahrgenommen. Und das ist zweifellos der wesentlichste Unterschied zwischen dem chinesischen Denken und dem unseren (welches im Übrigen durch diesen Unterschied erst als das »unsere« erscheint). Für Anatomie haben sich die Chinesen nur wenig interessiert. Die anatomische Wissenschaft bleibt dort sehr oberflächlich. Denn die Chinesen beachteten weniger

---

[1] Leonardo da Vinci: *Das Buch von der Malerei*. Nach dem Codex Vaticanus (Urbinas) 1270, herausgegeben, übersetzt und erläutert von Heinrich Ludwig, Wien, 1882, Band 1, S. 349.

Das Buch von der Malerei

274. Von den Maßen des menschlichen Körpers und den Biegungen der Glieder

Notwendigkeit zwingt den Maler, von den Knochen, welche die Stützen und das Gerüst des über sie hinliegenden Fleisches sind, Kenntnis zu haben, und desgleichen von den Gelenken, die bei ihren Biegungen anschwellen oder schwinden, wodurch z. B. bewirkt wird, daß das Maß des gestreckten Armes mit dem des gebogenen, *c*, nicht übereinstimmt.

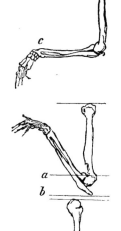

Zwischen dem Längenmaß der äußersten Streckung und der stärksten Beugung des Armes ist eine Abweichung von einem Achtel der ganzen Armlänge vorhanden.

Diese Zu- und Abnahme kommt von dem Knochen her, der aus dem Gelenke des Armes heraustritt, wie du bei der Figur in *ab* siehst, den Raum von der Schulter bis zum Ellenbogen bedeutend verlängert, wenn der Winkel des Ellenbogens kleiner ist als ein rechter, und in dem Grade länger hervortritt, in dem dieser Winkel abnimmt, dagegen aber um so kürzer, je mehr besagter Winkel sich vergrößert.

Um so viel wächst der Raum von der Schulter zum Ellenbogen, als der Winkel der Ellenbogenbiegung kleiner wird als ein rechter. Und um so viel nimmt er ab, als dieser Winkel größer als ein rechter wird.

275. Von den Fingergelenken

Die Finger an der Hand werden beim Biegen in den Gelenken allseitig dicker, um so mehr, je mehr sie gebogen werden, und so werden sie, je nachdem sie sich strecken, wieder dünner; das gleiche geschieht bei den Fußzehen. Und je fleischiger sie sind, desto bedeutender wird diese Gestaltveränderung sein.

139

351. Von den kraftvollen Bewegungen der menschlichen Gliedmaßen

Der Arm wird von kraftvoller und weiter auslangender Bewegung sein, der, nachdem er sich aus seiner natürlichen Lage herausbewegt hat, der mächtigsten Beihilfe der übrigen Glieder teilhaftig wird, ihn nach den Ort zu, wohin er sich bewegen will, wieder zurückzuziehen; wie z. B. der Mann *a*, der den Arm zuerst ausholend nach *c* zurückzieht und ihn dann nach der entgegengesetzten Stelle führt, indem er sich mit seiner ganzen Person nach *b* bewegt.

ANHANG. EINIGE STELLUNGEN UND BEWEGUNGEN DES MENSCHLICHEN KÖRPERS

353. Von der äußersten Umdrehung (oder Verdrehung), die der Mensch beim Rückwärtssehen ausführen kann

Die äußerste Verdrehung, die der Mensch ausführen kann, wird 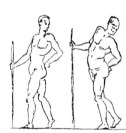sein, wenn er uns die Fersen zudreht und zugleich das Gesicht. Dies wird aber nicht ohne Schwierigkeit ausführbar sein, wenn sich nicht das Bein biegt und die Schulter niedriger wird*), welche den Nacken sieht. Die Bewerkstelligung dieser Drehung und welche Muskeln zuerst, welche zuletzt sich dabei bewegen, soll in der Anatomie auseinandergesetzt werden.

354. Wie nahe man rückwärts einen Arm mit dem anderen zusammenbringen kann

Legt man die Arme auf den Rücken, so werden die Ellbogen nie näher zusammenkommen als so, daß der längste Finger der einen Hand an den Ellenbogen des entgegengesetzten Armes herangeht**), d. h. so, daß die äußerste Nähe, in welche die Ellenbogen zueinander kommen können, so viel beträgt, als der Raum vom Ellenbogen bis zum Ende des längsten Fingers. Die Arme hier machen ein vollkommenes Quadrat.

355. Wie weit man die Arme quer über die Brust bringen kann, und daß die Ellenbogen bis mitten auf die Brust kommen

Diese Ellbogen hier bilden mit den Schultern und (Ober-) Armen ein gleichseitiges Dreieck.

die Identität der spezifischen morphologischen Komponenten (Organe, Muskeln, Sehnen, Bänder usw.) als die Qualität der Austauschprozesse zwischen dem »Außen« und dem »Innen«, welche die Lebenskraft des Körpers erhalten. Daher ist es in ihren Augen auch kein Problem, wenn ein entkleideter Körper nur oberflächlich gestaltet ist und aussieht wie ein Sack. Denn der Körper ist ein Behälter, der mit Löchern versehen ist; aber als ein solcher enthält er unendlich subtile Energien, deren Zirkulation es zu verfolgen gilt.

Wechseln wir doch einmal die Physik – bevor wir es mit der Medizin tun – und bringen wir unsere Denkgewohnheiten in Unordnung: Statt den menschlichen Körper von seinem organischen Aufbau aus zu erfassen und ihn dann nach einem komplexen Spiel zu berechnender Kräfte in Bewegung zu setzen, nehmen ihn die Chinesen als einen von energetischen Kanälen durchdrungenen Körper wahr, dessen Kreisläufe physiologischer Energie an den verschiedenen Stellen des Pulses zutage treten. Der Körper wird nicht durch ein Kausalverhältnis bestimmt (das den Effekt am gleichen Ort zu verschiedenen Momenten misst), sondern, wie die westlichen Sinologen sagen, um den Unterschied besser zu umschreiben, durch ein »induktives« Verhältnis (Porkert)[2] bzw. ein Verhältnis der »Wechselbeziehung« und der Resonanz (Needham),[3] das gleichzeitig verschiedene, aber sich erwidernde Punkte verbindet. Denn schon sehr früh kannten die Chinesen Punkte an der Oberfläche des Körpers, an denen sich bestimmte Symptome ausfindig machen und Schwächen beeinflussen

---

[2] Vgl. Manfred Porkert: *Die theoretischen Grundlagen der chinesischen Medizin.* Frankfurt, 1984.
[3] Vgl. Joseph Needham: *Wissenschaft und Zivilisation in China,* übersetzt von Rainer Herbster, Frankfurt, 1984.

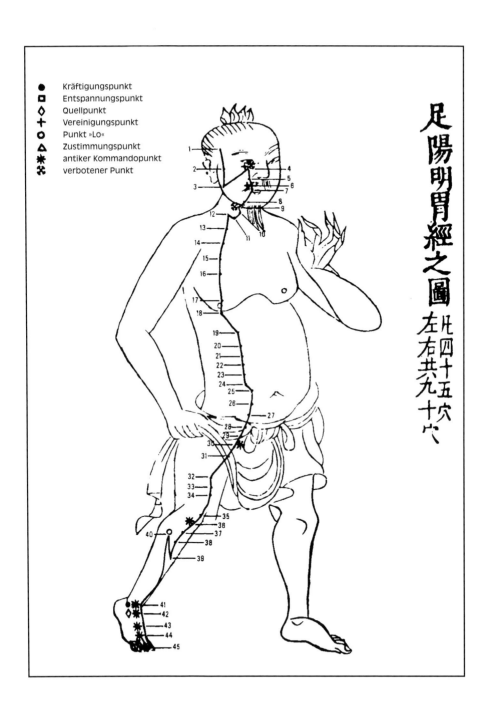

ließen: In Verbindung mit diesen empfindlichen Punkten, den fühlbaren Einbuchtungen an der Oberfläche des Körpers, die dem Durchgang der Energie als Öffnung dienen (*xue*: Kräftigungspunkt, Entspannungspunkt, Quellpunkt, Vereinigungspunkt usw.), hat man die energetischen Kanäle (bzw. »Meridiane«: *jingmai*) entdeckt, die gleich den Kraftlinien eines Magnetfelds Energievektoren für den Körper bilden. Diese Energie durchdringt den Körper auf genau bestimmten Wegen (ebenso, dem erklärenden Bild Porkerts zufolge, wie der Wasserlauf durch aus dem Boden schießende Quellen aufgedeckt wird). Die physiologischen Störungen verbreiten sich entlang dieser Meridiane (oder Synarterien) zwischen dem Inneren des Körpers und der Oberfläche; und entlang derselben Kanäle werden sie in der Diagnostik wie in der Therapie verfolgt (siehe die Tafeln zur Akupunktur in den Abbildungen).

Dieser Kreislauf liegt im Inneren; das Nackte lässt davon nichts sichtbar werden – weder in seiner Form, in seinem Umfang noch im Glanz seiner Haut. Und wenn der chinesische Maler eine Person malt, versucht er die Kommunikation unsichtbarer Ströme wiederzugeben, welche die Person mit dem Außen verbinden und von innen beseelt: Denn an dieser Kommunikation hängt das Leben. Der Darstellung dienen die *Wellenlinien* der Kleidung, die Kanten, Falten, Ärmel und Gürtel. Denn allein das äußere Geflecht der durch die Kleidung verwobenen Linien veranschaulicht das innere Netz der wichtigsten Kanäle. Von Energieflüssen durchdrungen kann die Kleidung gleichsam vibrierend diese rhythmischen Schläge übertragen (s. Abb. S. 102).

Daher lobt man einen Portraitmaler in China vor allem,

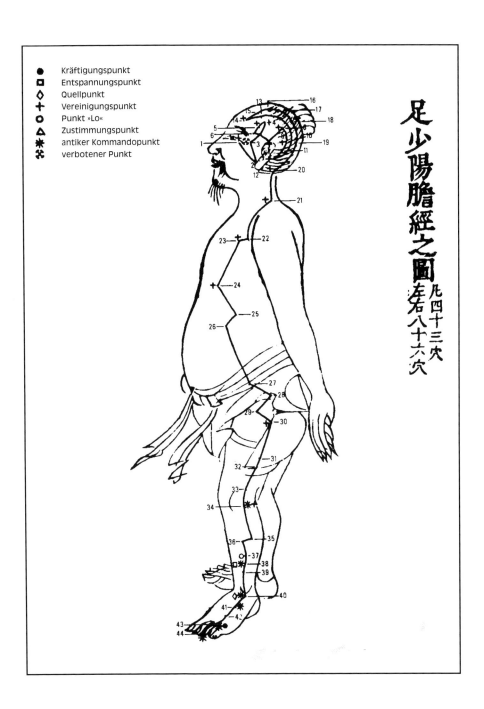

wenn er die Fähigkeit besitzt, mit einem ununterbrochenen, weichen, »kursiven« Strich (*xing bi*) die Stetigkeit des Atems, der den Körper durchströmt und beseelt, wiederzugeben (vgl. das Lob, das dem großen Maler der Tang-Dynastie Wu Daozi traditionell entgegengebracht wird). So erklärt sich auch, dass der chinesische Maler die Personen stets in enger Beziehung zu ihrer Umgebung zu malen sucht, wohingegen das Nackte den Körper in seiner Form und seinem Umfang isoliert. Denn wie der menschliche Körper ist auch die Landschaft von Strömen durchzogen, die sie vibrieren lassen. Wenn der Mensch und der Berg, wie zuvor gesagt, sich einander zuwenden und »ansehen« und wenn es ihr gemeinsamer Ursprung ist, den der Maler erreichen will, so weil auch der Berg von Energiekanälen durchzogen ist (von »Adern«, *jingmai*: demselben Begriff wie für die des Körpers),[4] durch welche der kosmische Atem kreist (s. Abb. S. 93). Es handelt sich hier keineswegs um eine einfache »Personifizierung« der Natur, an die uns die Rhetorik gewöhnt hat. Der Mensch und der Berg sind jeweils Verdichtungen von Energie; und es sind die gleichen empfindlichen »Punkte«, die der Geomantiker auf dem Körper des Berges aufspürt wie der Akupunkteur auf der Oberfläche des menschlichen Körpers.

V. Die Morphologie ist also die Grundlage für die Möglichkeit des Nackten. Doch wer Morphologie sagt, sagt schlicht »Form«, *morphe*. Hieße das also, dass die Griechen und die Chinesen die Form unterschiedlich aufgefasst haben und dass sich unter der Einheit, mit der wir den Begriff bedecken, ein Dilemma verbirgt? Um darauf eine Antwort zu geben,

---

[4] Vgl. Wang und Li: *Der Senfkorngarten*, a.a.O., Band 1, S. 236.

müssen wir noch einmal auf den philosophischen Hintergrund zurückkommen.

Die »Form« (*eidos*), das ist nur zu bekannt, hat das griechische Denken beherrscht. Hier haben wir – und tun es immer wieder – mit der Geschichte der Philosophie begonnen: Es ist die »Form«, die als Archetyp die platonische Welt der Ideen strukturiert. Jede Form innerhalb des sinnlich Wahrnehmbaren ist nur ein Bild der wirklichen und geistig wahrnehmbaren Form (auf der Ebene des Sinneswahrnehmung ist das *eidos* ein *eidolon*). Und es ist immer noch die »Form«, jedoch in Verbindung mit der Materie, die bei Aristoteles die Wirklichkeit ausmacht. Nehmen Sie die »eherne Kugel« (*Metaphysik VII*)[1]: Das Erz ist die Materie, die Kugel ist die Form. Weder die Materie noch die Form sind »entstanden«, aber es ist die Form,

---

[1] Aristoteles: *Metaphysik* (*Siebentes Buch: Die Wesenheit*, 1033a), übersetzt von Hermann Bonitz, herausgegeben von Ursula Wolf, Reinbek, 1994, S. 192.

die in der Materie »hervorgebracht« wird, durch die jedes Ding seine Bestimmung erhält, das heißt, die aus jedem Ding das macht, was es ist (seine »Quiddität«, wie die Scholastiker sagen): An ihr hängt das Wesen eines jeden Dings.

Oder auch: »Die Form ist für jedes Ding die Ursache seines Seins« (Plotin); »das Seiende ist ein geformtes Sein« (Porphyrios). *Esse cum forma*, sagen auch die Lateiner ... Es ist doch so, dass uns diese Redewendungen so geläufig sind, dass wir sie nicht einmal mehr bemerken – wir suchen ihre Eigentümlichkeit nicht mehr. Und dennoch beruht auf ihnen der erstaunliche Erfolg der Ontologie. Das Sein »und« die Form: das Sein *ist* die Form. Die hierarchische Erfassung der gesamten Wirklichkeit gemäß dieser Beziehung zwischen Form und Materie – nach der die Form über die Materie herrscht – ist Plotin zu verdanken, der Aristoteles auf Platon zurückgeführt hat. Die aktive, leuchtende und ewige Form ist die Norm und das Gute; die passive, widerspenstige und dunkle Materie ist unter der Überlagerung der Formen, der entsprechend sich die Wirklichkeit stufenförmig anordnet, so gut verborgen, dass sie nur »schwer zu entdecken« ist. Denn auf jeder Ebene des Wirklichen ist die Form zugleich formend und geformt: geformt durch die Einheit, aus der sie hervorgeht, und formend als organisierender Grund (*logos*) der ihr unterlegenen Materie. Ein Triumph der Form, der sich jedoch nicht nur auf Griechenland beschränkt. Augustinus übernimmt diese allgemeine Ontologie und macht sie zum Fundament seiner Theologie: Die sinnlich wahrnehmbare ist der geistig wahrnehmbaren Form untergeordnet, und letztere hängt notwendig, als im menschlichen Geist veränderliche, von einer unveränderlichen Form ab, welche die *forma dei* ist,

die »Form« Gottes. So wünschte Moses die Form Gottes zu sehen, die erste Form, die nichts anderes ist als das Wort, die göttliche Weisheit, in der die Formen der Kreaturen (anders gesagt: der Ideen) enthalten sind.[2]

Plotin bringt zwei Begriffe zusammen, um die Form auszudrücken, und er geht sogar so weit, sie als Synonyme zu verwenden: *eidos*, die Form-Idee, ontologisch gefasst als intelligible Form; und *morphe*, die Form, welche die Materie umfasst (die Linie, die eine individuelle Form beschreibt, der Umriss, der eine farbige Oberfläche vervollständigt usw.; vgl. die Übereinstimmung von *morphe*, *eidos* und *logos* in der *Enn.* I, 6).[3] Man findet die gleiche Mehrdeutigkeit in der Sprache des Augustinus wieder: *forma* bedeutet zugleich: 1) die göttliche

---

[2] Vgl. Augustinus: *Bekenntnisse*, a.a.O., S. 681, S. 709.
[3] Vgl. Plotin: *Das Schöne*, in: *Plotins Schriften*, a.a.O., Band 1, S. 2-25, S. 7 ff.

Form (die göttliche Weisheit, das Wort), 2) die äußere Form, die Gestalt, und auch 3) die wahrgenommene Form als Quelle der Schönheit. Es lässt sich auch in umgekehrter Reihenfolge lesen: Unter der plastischen, »sichtbaren« Form verstehen wir unentwegt die göttliche, selbst formende, ontologische Form. Und aus dieser Mehrdeutigkeit ist die Möglichkeit des Nackten zu erfassen. Das Nackte ist am höchsten Punkt unseres Aufstiegs von der sinnlich wahrnehmbaren zur »ersten«, göttlichen, archetypischen Form. Denn das Nackte ist keine Form unter anderen, es ist *die* Form par excellence. Es ist die Wesensform, die im Sinnlichen selbst erscheint und umgekehrt: die Sinnesform, welche die Form-Idee erreicht. Im Grunde haben wir nie aufgehört, im Nackten eine Hypostase der Form zu suchen. Betrachten Sie den *Zeus* (oder *Poseidon*) *vom Kap Artemision* (s. Abb. S. 97). Gerade weil er so sinnlich ist – den Sinnen unmittelbar und nackt ausgeliefert –, erweist sich das Nackte als dasjenige, das die beiden Pole, die plastische Form (die Formgebung, den Umriss) *und* die Form-Idee, am unmittelbarsten in seinem Innern miteinander verbindet. Die plastische Form enthüllt die Form-Idee, und der letzte Schleier ist gefallen. Die Form-Idee ruft die plastische Form ins Leben, und wir begegnen der eigentlichen Idee des Modells und des Archetyps. Daher kommt das Aufwärtsstreben des Nackten. Es wird durch unseren metaphysischen Dualismus aufgespannt, und so ruft es zur Transzendenz – und führt in den Taumel der Extreme, in die Erschütterung (*thambos*) angesichts des Nackten (die Ekstase). Und zugleich lässt das Nackte diesen Dualismus in der einzig möglichen Unmittelbarkeit der Wahrnehmung – unmittelbar nackt [à nu] – verschmelzen. Hieraus erklärt sich die ganz eigene, versöhnende Wirkung, die man

empfindet, wenn man das Nackte betrachtet.

An einer Stelle von *Sein und Zeit* stellt Heidegger, wie mir scheint, die in diesem Zusammenhang zentrale Frage. Die Griechen, sagt er, ließen den pragmatischen Charakter der *pragmata*, jener Dinge des Besorgens, mit denen wir Umgang haben, im Dunkeln, indem sie sie von vornherein auf einer theoretischen Ebene als »bloße Dinge« bestimmten.[4] Hier ist der Wendepunkt, von dem aus Griechenland und mit ihm die Philosophie in die Metaphysik umgeschwenkt ist. Wir haben auf der einen Seite die miteinander verschmolzenen *eidos* und *morphe* und auf der anderen Seite die Materie (*hyle*). Aber

[4] Vgl. Martin Heidegger: *Sein und Zeit*, Tübingen, 1986, S. 68.

wenn, fragt Heidegger, die Form-Gestalt (*morphe*) nicht die Form-Idee (*eidos*) wäre? Hier taucht eine andere Möglichkeit des Denkens auf; eine andere Spur zeichnet sich ab – deren Verfolgung uns das chinesische Denken auferlegt, das in der Betrachtung des Phänomens der »Form« eine ganz andere Richtung einschlägt. Und diese neue Richtung lässt uns dem Nackten den Rücken zukehren.

In der Tat kennen die Chinesen jenseits der sinnlichen keine intelligible Form und ebenso wenig eine unbewegliche, die ein Wesen wäre. Mit einem Wort, das antike (vorbuddhistische) China ist ohne Metaphysik. Aber was heißt das *positiv*? Um dies zu denken, müssen wir unseren Denk-*Habitus* von Grund auf verändern. Die Chinesen erfassen das Wirkliche nicht mit den Begriffen des Seins, sondern mit denen des Prozesses (dessen Beständigkeit eine regelhafte Eigenschaft ist und die insgesamt den Lauf des Himmels bzw. das *tao*, den »Weg«, beschreibt). Insofern bezeichnet der Begriff, den wir aus dem Chinesischen mit »Form« (*xing*) übersetzten, eine im Verlauf befindliche Aktualisierung der kosmischen Lebensenergie (ebenso wenig wie die archetypische »Form« findet man im Chinesischen den Begriff der »Materie«): Etwas, das sich individuiert, »nimmt Form an«, indem es aus der Ununterscheidbarkeit des Formlosen (dem Stadium des *wu*) heraustritt, aber dorthin auch wieder zurückkehrt. Die Form ist eine *Formierung*, der Begriff ist ebenso ein Verb (vgl. den Kommentar von Wang Bi zu Laotse, § 1).[5] Geboren werden bedeutet, von der »Nicht-Form« zur »Form« zu gelangen, sterben von der »Form« zur

---

[5] Wang Bi: *Kommentar zu Laotse*, in: *Wang Bi ji jiaoshi*, Peking, Zhonghua shuju, 1980. Vgl. auch Rudolf G. Wagner: *The Craft of a Chinese Commentator. Wang Bi on the Laozi*. Albany, 2000.

»Nicht-Form« (vgl. *Zhuangzi*, Kap. 22).[6] »Durch Veränderung entsteht belebende Energie; verändert sich diese, entsteht Form; verändert sich diese erneut, entsteht Leben«, sagt der *Zhuangzi* ebenfalls (Kap. 18).[7] Da alles der *Trans-formierung* ausgesetzt ist, verhält sich folglich derjenige weise, der »in dem, was Form hat, keine Position einnimmt« (Kap. 17).[8] Während die griechische Form dem Prinzip nach das ist, was nicht dem Werden unterliegt, ist die chinesische Form immer nur eine Phase – allerdings als solche eine kohärente (China ist keineswegs einem Unbeständigkeitsdenken unterworfen) – im großen Prozess der Dinge (selbst die Medizin erfasst den Körper nach dem Vorbild der Natur mit dem Begriff der Phase). Ein anderer wesentlicher – leicht zu begreifender, aber schwer zu integrierender – Unterschied, auf den wir ebenfalls wieder zurückkommen müssen, ist dem Umstand geschuldet, dass das chinesische Denken, im Unterschied zum griechischen, zwischen dem Sichtbaren und dem Unsichtbaren nicht scharf unterscheidet (*alias* zwischen dem Sinnlichen und dem Intelligiblen, also zwischen diesem als »Prinzip« und »Ursache« und jenem als *arche* bzw. *aitia*). Statt dessen richtet sich die ganze Aufmerksamkeit auf das Stadium, das vom einen zum anderen führt: z. B. das Stadium des »Feinen« (*jing*) oder des »Subtilen« (*wei*), in dem die Konkretisierung kaum erst begonnen hat, sichtbar zu werden und sich zu aktualisieren;

---

[6] *Dschuang Dsï Zhnangzi. Das wahre Buch vom südlichen Blütenland*, aus dem Chinesischen verdeutscht und erläutert von Richard Wilhelm, Jena, 1940, S. 164.

[7] R. Wilhelm übersetzt die Passage: »Da entstand eine Mischung im Unfaßbaren und Unsichtbaren, und es wandelte sich und hatte Wirkungskraft, die Wirkungskraft verwandelte sich und hatte Leiblichkeit, die Leiblichkeit verwandelte sich und kam zur Geburt.« Ebd., S. 137.

[8] Ebd., S. 127.

oder im Gegenteil das Stadium, in dem sich das Konkrete so verfeinert, dass es sich zum Geistigen (dem Begriff des *jing-shen*) erhebt. Auch hier ist vor allem der *Übergang* wichtig. Der griechischen Welt der hegemonischen Form, die sich fest und schneidend abhebt, stellt China ein Verständnis gegenüber, das auf das Diskrete und Fortlaufende zielt.

So schenkt die chinesische Kunst ihre ganze Aufmerksamkeit diesen unbestimmten Zonen des *Übergangs*. Die chinesische Musik z.B. nimmt in den Tönen keine Harmonie einer anderen Welt wahr (wie Plotin: »Es sind die verborgenen Harmonien, [welche] die sinnlichen erzeugen«),[9] sondern das harmonische Fassungsvermögen eines *verminderten Tons*: »Der große Ton hat unhörbaren Laut«, sagt Laotse (§ 41).[10] Ein paar versprengte Noten auf der Laute genügen, um die Stille anzudeuten, in die sie hinabtauchen. So versteht man auch, warum die chinesische Malerei, statt den menschlichen Körper wie das Nackte deutlich und bestimmt darzustellen – die um ihn wogende Kleidung gibt ihm die Bewegung bereits zurück (s. Abb. S. 102) –, es vorzieht, die zwischen den Wolken herausragenden Gipfel zu gestalten, oder einen Bambushalm, der Leere und Fülle voneinander trennt. Die Chinesen malen nicht die festgehaltene Form, sondern die Welt, die zur Form gelangt oder zur Ununterscheidbarkeit des Formlosen zurückkehrt. Sie führen uns an die Wurzel des Sichtbaren, damit wir dem Unsichtbaren begegnen, statt dieses auf einer anderen Ebene oder als eine andere Natur zu fassen. *Zwischen* den Stadien der Form und der Nicht-Form wird ein Auftauchen (eine

---

[9] Plotin: *Das Schöne*, a.a.O., S. 11.
[10] Laotse: *Tao-te-king. Das Buch von Sinn und Leben*, übersetzt und mit einem Kommentar versehen von Richard Wilhelm, München, 1978, S. 84.

Emergenz) bzw. ein Abtauchen (eine Immersion) dargestellt: In der Nähe der Felsen mit den undeutlichen Formen, dort hinten, verschwimmt das Ufer hinter einem vagen Horizont ...

VI. Indem ich diesen Gegensatz China/Griechenland so stark betone, fürchte ich jedoch, zu schnell vorzugehen: Vielleicht habe ich mich an manchen Stellen durch die Notwendigkeit, einen Vergleich herzustellen, zu sehr von Allgemeinheiten leiten lassen (die im Übrigen immer bis zu einem gewissen Grad ihre Gültigkeit besitzen, sich jedoch zu schnell aneignen lassen und deren Bedeutung sich gleich erschöpft). Was ich also genau erwartete, als ich die Frage nach dem Nackten (und seiner Möglichkeitsbedingung) stellte, war das Verbleiben an einem Ort – die Frage wird uns von nun an begleiten –, an dem wir gezwungen werden, kodifizierte Formulierungen, mit denen man zu denken aufhört, aufzugeben. Von der Ungebührlichkeit des Nackten erwartete ich eine gewisse Unruhe – lassen wir diese also nicht gleich von einem etablierten Diskurs wieder einfangen. Geben wir uns ein wenig mehr Zeit, indem wir die Frage in ihrer Fremdheit belassen. Und nehmen wir sie näher am Boden wieder auf – z.B. über den folgenden Umweg: Warum hat die gelehrte Malerei in China schließlich die Darstellung eines Bambushalms oder einen Felsens der eines menschlichen Körpers vorgezogen?

Ein Mensch – ein Felsen: eine befremdliche Gegenüberstellung ... Kann man sie denn vergleichen? Der chinesische Kommentator macht uns das glauben, wenn er von dem Prinzip ausgeht, dass es ebenso anspruchsvoll ist, einen Felsen wie einen Menschen zu malen. Nicht weil er den Körper für erstarrt hält, sondern weil er den Felsen als lebendig sieht.

Im »Buch der Berge und Steine« des *Senfkorngarten* heißt es gleich zu Anfang: »Einen Menschen beurteilt man nach seiner Ausstrahlung (Geist) [*qi*] oder seinem Körperbau (Struktur). Genauso ist es mit Steinen. Sie sind das Gerüst (Struktur) von Himmel und Erde und besitzen eine eigene Atmosphäre (Geist). Aus diesem Grund nennt man Steine und Felsen auch Wurzeln der Wolken. Ein Stein ohne Atmosphäre ist nur ein Klotz vergleichbar einem Knochen, der ohne Leben (Geist) eben bloß ein toter, vertrockneter Knochen ist.«[1]

Felsen können also ebenso wenig wie Menschen gemalt werden, wenn sie keinen Geist besitzen. Aber was heißt das, Felsen zu malen, die einen Geist besitzen? Dem Traktat zufolge ist die Atmosphäre (die Lebensenergie) »in dem, was man nicht wahrnehmen kann«, zu suchen. Der Ausdruck bezeichnet das, was zu fein oder zu subtil für die Wahrnehmung ist. Das bedeutet, dass es dem Maler obliegt, die unsichtbare Dimension des Felsens aufzuspüren. In ihr vermögen sich das Physische und das Materielle voneinander zu lösen und sich zu öffnen, so dass die kosmische Energie entweichen kann. »Wurzeln der Wolken« werden die Felsen genannt. Der Ausdruck dient nicht zur Verschönerung; man darf ihn nicht für ein »poetisches« Ornament halten. Er sagt die Wahrheit: Die Felsen sind von keiner anderen Natur als die Wolken; nur ist ihre Konkretisierung dichter und fester. Und wer sie darstellen will, ist gezwungen, ihre belebte, »lebende« Eigenschaft zu erhalten, durch die sie, wie die übrigen Dinge der Natur, der im Prozess

---

[1] Wang und Li: *Der Senfkorngarten*, a.a.O., Band 1, S. 188. »Qi« bedeutet »die belebende vegetative Kraft, die in Bewegung ist, während die Formen statisch sind«, vgl. ebd., S. 236. Jullien übersetzt den Begriff mit »souffle-énergie«, zu deutsch: die »Lebensenergie«

befindlichen Wirklichkeit angehören. Wir haben im Übrigen schon gesehen, wie man das erreicht: Es genügt, in der felsigen (bzw. der bergigen) Masse die Kraftlinien (*shi*) aufscheinen zu lassen, durch die, den energetischen Kanälen des menschlichen Körpers gleich, die kosmische Energie hindurchströmt.

Aber wir befinden uns erst am Ausgangspunkt unserer Frage. Zunächst geht es darum zu erfahren, warum man überhaupt *eher* einen Felsen als einen Menschen darstellen möchte? Ein großer Gelehrter aus der Song-Zeit (Su Dongpo) klärt uns durch folgende Gegenüberstellung auf: »Wenn es sich um Menschen, Tiere, Paläste oder selbst Gebrauchsgegenstände handelt, so haben sie alle eine konstante Form; was dagegen die Berge, Felsen, Wellen oder Nebel anbetrifft, so besitzen sie zwar keine konstante Form, aber trotzdem nicht minder eine innere Kohärenz, die ihrerseits konstant ist.« (L. B., S. 47) Von den zwei Rubriken der Bildthemen wird einer der »Mensch« zugeordnet, und zwar unter der gleichen Kategorie wie bestimmte Objekte (Haus, Geschirr usw.); dagegen gehört der Felsen zur anderen Rubrik und in die gleiche Kategorie wie der Nebel oder die Wellen. Die Rubriken sind nicht von gleichem Wert: »Wenn die konstante Form fehlt, so sieht das jeder sofort; doch wenn es an der konstanten Kohärenz mangelt, sind selbst die Kundigsten kaum in der Lage, es wahrzunehmen.« So »mögen diejenigen, die ihre Welt zu betrügen trachten und sich einen Namen stehlen möchten, sich getrost [in ihrer Themenwahl] den Dingen ohne konstante Form zuwenden«. Insofern ein Felsen an sich keine bestimmte Form aufzwingt, könnte man annehmen, dass irgendeine Form schon ausreiche, um die innere Organisation eines jeden Felsens auszudrücken. Doch die Schwierigkeit ist weitaus größer: »Während der kleinste

Fehler in der Darstellung eines menschlichen Körpers für jeden sofort sichtbar ist«, denn jeder kennt die vorgeschriebene Gestalt, so ist dagegen »eine Ungenauigkeit in der inneren Kohärenz« nur sehr schwer zu erkennen. Die Schwere der Folgen solcher Fehler verhält sich dagegen umgekehrt proportional: Der Fehler in einer konstanten Form, wie der des Menschen, ist auf sich selbst begrenzt und kann dem Ganzen nicht schaden; während eine die innere Kohärenz eines Felsens oder einer Welle betreffende Ungenauigkeit das Ganze in sich zusammenbrechen lässt. Man kann daraus mühelos schließen, zu welcher Seite sich die Gunst des Gelehrten neigt: Die gewöhnlichen Kunsthandwerker mögen in der Lage sein, mit der konstanten Form zurechtzukommen, aber im Bereich der Konstanz der inneren Kohärenz können sich selbst die vorzüglichsten Talente irren.

Im Fall des menschlichen Körpers, sagt uns also der Gelehrte, muss der Künstler nur die aufgezwungene – immer gleiche – Form reproduzieren: die Elemente, aus denen sich das Gesicht, der Rumpf, die Gliedmaßen usw. zusammensetzen. Doch Felsen oder Wolken haben alle möglichen Formen; also muss einem jeden Felsen oder einer jeden Wolke noch eine innere Kohärenz zugewiesen werden, damit aus ihnen auch ein Felsen oder eine Wolke wird. Diese innere, unveränderliche Kohärenz macht es aus, dass ein Felsen ein Felsen ist bzw. – vermeiden wir, in das Vokabular des Wesens zurückzufallen – dass ein Felsen als Felsen »dient«, als Felsen »gilt«, im Bild die Wirkung eines Felsens hat. Tatsächlich ist das, was wir hier mit »innerer Kohärenz« übersetzen, ein Hauptbegriff des klassischen chinesischen Denkens: der Begriff *li*. Er bildet auf die gleiche Weise ein Paar mit dem Begriff der Lebensenergie (*qi*) wie die uns von den Griechen bekannte Form-Idee mit der Materie (*eidos/hyle*). Worin besteht aber der Unterschied? Beide betreffen die Wahrnehmung durch den Verstand, doch das eine vom Standpunkt des Seins (des Wesens) ausgehend und das andere von dem des Prozesses. Während die Form-Idee der Griechen einer ganz anderen Wirklichkeitsordnung angehört als die Materie und diese, für sie Modell stehend, aus dem transzendierenden Äußeren erst in Form bringt, ist das Prinzip der inneren Kohärenz, das die Chinesen in Anspruch nehmen, von der Energie, die es organisiert, nicht trennbar. Die Konstanz der inneren Kohärenz hängt von ihrer ordnenden Fähigkeit ab, die es ihr erlaubt, sich zu aktualisieren, das heißt auf einem gangbaren Weg »Form anzunehmen« (vgl. den chinesischen Thermenkomplex des »Weges«). Einen Felsen darzustellen heißt für einen chinesischen Maler also nicht, ihn zu repräsentieren, seine Form nachzuahmen, sondern zu dem energetischen (»vitalen«) Prinzip zu gelangen, welches dem Felsen ermöglicht, sich als Felsen zu entfalten. Das, was der Maler reproduziert, ist die inhärente Logik dieses Prozesses (das »wodurch es so wird«, wie der klassische chinesische Ausdruck sagt), und zwar indem er diesen eine Form annehmen lässt – oder besser, um jeglichen Imperativ zu vermeiden –, indem er dem Prinzip der Kohärenz folgt, das den Felsen, zu gleich welcher Form die Strichführung am Ende geführt hat, *tatsächlich* ausmacht.

Das Nackte ist nicht nur uniform, das heißt, es hat eine im Ganzen genommen identische und als solche stets feste Form; es lässt der Improvisation keine wirkliche Freiheit. Genauso hat es eine Form, die begrenzt ist, daher verschieden und in der Wahrnehmung scharf trennbar. Selbst wenn sie die Sinnlichkeit

畫石起手當分三面法

觀人者必曰氣骨。石乃天地之骨而氣亦寓焉。故謂之曰雲根。無氣之石則為頑石。猶無氣之骨則為朽骨。豈有朽骨而可施於騷人韻士筆下乎。是畫石固不可無氣。而畫有氣之石即覓氣於無可捉摹之中。尤難乎其難。非胸中煉有媧皇。指上立有顧虎。未可從事。而我今以為無難也。蓋石有三面三面者即石之凹深凸淺。參合陰陽。步伍高下。稱量厚薄以及礧頭菱面。員土胎泉。此雖石之勢也。熟此而氣亦隨勢以生矣。秘法無多。請以一字金針相告。曰活。

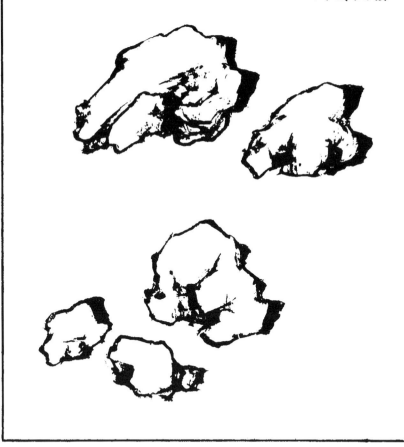

der Haut zum Glänzen bringt wie bei Renoir. Indem sich das Nackte in seine Form hüllt, trennt es sich ab. Damit entsprach es vortrefflich der Vorliebe der Griechen für die Grenze, die ihre formende Kraft an die Form überträgt (vgl. im Griechischen den Wechselbezug zwischen *horos* und *eidos*): Die Form ist eine »umrahmende Grenze«, und die Schönheit ist eine Begrenzung (Bestimmung) durch die Form. *Forma* bezeichnet zugleich die Schönheit einer Sache und die Grenze, die sie durch den Umriss, den sie die Materie beschreiben lässt, von einer anderen Sache unterscheidet. *Formata et distincta*, sagt Augustinus von der Schönheit. Sie erscheint, wenn die fließende Unendlichkeit einer Materie durch ihre Form gefestigt wird, wenn die Form aus ihr eine bestimmte Materie macht und sie *endgültig* aus der Unordnung herausholt. Und selbst wenn die Materie nicht mehr von ihrer formenden Tugend des Wesens und des Archetypus (also jener Tugend, die in der Ontologie mit dem *eidos* verbunden ist) bewohnt wäre, so wäre die Form von einem rein ästhetischen Standpunkt aus gesehen immer noch vorherrschend, nämlich durch ihre Kraft der Abgrenzung und der Unterscheidung (vgl. das Form-*Schema* als äußere Form in der rivalisierenden Tradition der Stoiker). Und das Nackte ist genau diese Form par excellence, die ihr Umriss von der Welt abtrennt, um sie in sich ruhen zu lassen. Selbst wenn sich das Nackte im Schatten der mythologischen Szenen verliert, bleibt es das Geformteste und das Unterschiedenste. *Formata et distincta* ist in der Tat die Schönheit, die am ehesten dem Nackten zukommt.

Doch was sagt uns die chinesische Theorie der Malerei? »Ein Berg im Regen oder ein Berg bei klarem Wetter sind leicht darzustellen. Doch wenn das schöne Wetter zum Regen

neigt oder wenn der Regen im Begriff ist, zum schönen Wetter zurückzukehren; wenn der Nebel sich über den Abend senkt [...], wenn die gesamte Landschaft sich in Unordnung verliert – zwischen dem, was da ist, und dem, was nicht da ist –, wenn etwas auf- und wieder eintaucht: das ist es, was schwierig darzustellen ist.« (Qian Wenshi, L. B., S. 84) Kein bestimmter und klar umrissener Zustand der Dinge, sondern der Übergang von einem Zustand zum anderen, *zwischen* den entgegengesetzten Stadien der Aktualisierung und der Ununterscheidbarkeit: Die chinesische Malerei stellt die *Trans*-formierung vom einen zum anderen dar. Sie malt den Effekt des Vagen und Unbestimmten – das »dunkel Chaotische« (*hu huang*, wie es bei Laotse, § 14, heißt)[2] –, der mit dem Wandel einhergeht. Alles ist jedoch immer im Wandel. Während das griechische Denken das Geformte und das Unterschiedene aufwertet, woraus sich der Kult der Form, für den das Nackte beispielhaft steht, erklären lässt, denken – gestalten – die Chinesen vornehmlich den Übergang und das (im Modus des »Subtilen«, des »Feinen«, des

»Undeutlichen«) Gekennzeichnete. Und aus diesem Grunde ist ihr Denken so wertvoll. Denn das griechische Denken, das auf das Prinzip der Gegensätze baut und allen Wert der Klarheit zumisst (noch einmal Descartes: die klaren und deutlichen Ideen ...), hat uns in einer Hinsicht auf eigentümliche Weise unserer Mittel beraubt: nämlich das *Undeutliche* des Übergangs zu denken (oder darzustellen).

Daher hat man es in China vorgezogen, Bambushalme und Felsen, Wellen und Nebel darzustellen, und nicht das Nackte. Sehen Sie sich die drei Darstellungen von Felsen auf den vorhergehenden Seiten an. Die technische Abhandlung des *Senfkorngartens* lehrt uns, wie Felsen die verschiedensten Formen annehmen können und dabei im Einzelfall stets die Konsistenz eines Felsens bewahren (s. Abb. S.107). Das Gemälde eines »seltsamen Felsens« von Su Dongpo lässt dagegen eher die »innere Kohärenz« aufscheinen, die neben einem sich in die entgegengesetzte Richtung entwindenden Baumstamms die felsige Masse in Bewegung versetzt, indem sie diese gleichsam in sich selbst hineinwinden und so am Leben der Dinge teilhaben lässt (s. Abb. S.109). Und der »elegante Felsen« von Ni Zan, vor dem Hintergrund von Bambus und Platanen, bleibt schließlich vollends vage und unbestimmt. Die Masse der konzentrierten Energie ist in ihrer Form nicht genau beschrieben (die Flecken bildende Tinte trägt dazu bei). Die »Form«, die nicht vollständig individuiert ist, ist nicht inkonsistent, sondern enthält alle Formen, oder besser: schließt keine von ihnen aus (s. Abb. S.110). Das erinnert uns an den Ausspruch des Laotse (§ 41): »Das große Geviert hat

---

[2] Laotse: *Tao-te-king*, a.a.O., S. 54.

keine Ecken«, »das große Bild hat keine Form«.³ Dieser Felsen ist zugleich virtuell und real, seine Realität versperrt nicht die anderen Möglichkeiten: Er ist in der Schwebe zwischen dem »Da« und dem »Nicht da« gehalten, er formiert und deformiert sich – er »lebt«, ist aber nicht geformt.

VII. Um noch weiter auszuloten, was das Nackte an eine feste, tatsächlich endgültige Form bindet, kommen wir noch einmal auf das zurück, was am Anfang des Nackten steht: es ist die *Pose*, die das Nackte erzeugt. Die Pose oder die Gegenpose: Man weiß, dass sich im Falle des stehenden Akts eine ganze Kunst entwickelt hat, die auf dem Unterschied zwischen Standbein und Spielbein beruht und dadurch ein subtiles Ungleichgewicht erzeugt, dessen Auflösung der Figur eine bestimmte Dynamik verleiht. Doch die Handlung und die Bewegung selbst wurden traditionell durch den Übergang von einer Pose zur nächsten wiedergegeben. Die einzelne Pose musste in strengster Bewegungslosigkeit belassen bleiben. Die Maschinerie ist tatsächlich schwerfällig. Der Überlieferung zufolge verwendete man in den Akademien des klassischen Zeitalters Stöcke als Stützen. Gurte und Seile hingen von der Decke herab, um dem Modell zu helfen, seine Pose zu halten. Es dauerte bis in die Mitte des 19. Jahrhunderts, bis diese ermüdenden Posen durch Posenfolgen ersetzt wurden, die man in zeitlichen Abständen veränderte. Rodin soll der Erste gewesen sein, der seinen Modellen erlaubte, ihre Posen selbst auszuwählen.

Die Photographie zeigt es noch deutlicher: Das Nackte

---

[3] Ebd., S. 84.

braucht einen Stillstand der Bewegung. Solange ein Körper in Bewegung ist – das Kino beweist es –, kann er das Nackte nicht darstellen; er ist dann nichts als ein entblößter Körper, beschämend oder provozierend.

Das lässt uns eine neue Facette an der von uns ins Auge gefassten Gegenüberstellung entdecken. Der Gegensatz zwischen den beiden Traditionen ist hier sogar so offenkundig, dass uns, nachdem wir ihn einmal festgestellt haben, kaum noch etwas hinzuzufügen bleibt. Denn die chinesischen Gelehrten (Su Dongpo, L. B., S. 454; Wang Yi, L. B., S. 485; Jiang Ji, L. B., S. 499) wiederholen es immer wieder: Wenn man eine Person darstellen möchte, sollte man vor allem vermeiden, sie eine Pose einnehmen zu lassen. Lässt man sie sich in ihrem Gewande gebührlich setzen und regungslos mit den Augen ein Objekt fixieren, so geht die »Natürlichkeit« verloren. Das wäre, als spielte man eine Gitarre oder eine Laute, deren Saiten man vorher verklebt hat. Etwas Erstarrtes lässt nichts geschehen. Und wenn die Variationsfähigkeit einmal verloren ist, hat man nur noch eine Statue aus Erde oder Holz und keine lebende Person mehr; es bleibt allein die Form in ihrer (modellhaften) Formgebung [la forme dans son modelé].

Zum Beweis: Ricci berichtet, dass die Chinesen, als sie die europäische Malerei entdeckten (in der Gattung *Jungfrau mit Kinde*, wie Sullivan ausführt[1]), sehr verblüfft waren, etwas zu sehen, das ihnen eher als Skulptur denn als Malerei erschien. In diesem Punkt ist der Gegensatz absolut. Wenn man vermeiden möchte, dass die Person einer Statue gleicht, so muss man sich hüten, wie der chinesische Kritiker Chen Zao (L. B.,

---

[1] Vgl. Michael Sullivan: *The Meeting of Eastern and Western Art*. Berkeley, 1989.

S. 471) schreibt, sie zu malen, »als würde sie in einem Spiegel reflektiert«. Dagegen betrachtete man den Spiegel in Europa bekanntermaßen als »Meister des Malers«. Leonardo da Vinci macht aus seinem Gebrauch gar eine Regel: »Willst du sehen, ob deine Malerei in ihrem ganzen Gesamteindruck mit dem nach der Natur gemalten Gegenstand übereinstimmt, so habe einen Spiegel bei der Hand, spiegle darin den Gegenstand und stelle dies Spiegelbild neben dein Bild zum Vergleich.«[2]

Um eine Person gut wiederzugeben, sagen uns die Chinesen, muss man sie erfassen, wenn sie gerade reagiert und sich nicht mehr beherrscht: wenn sie plötzlich die Position ändert, gerade näher kommt oder zurückweicht, anfängt zu gestikulieren; wenn sie schreit, singt, atmet, lächelt, antwortet, die Stirn runzelt, gähnt, sich beeilt. Kurz, um die Person lebendig wiederzugeben, muss man sie aus dem Leben greifen. Man soll sie nicht von vorn betrachten, sondern von der Seite erspähen; man soll ohne ihr Wissen das einfangen, was die Physiognomie nicht vermeiden kann hindurchzulassen. Es gilt für den Maler, sich vom Ausdruck imprägnieren zu lassen: »Als ich meine Augen schloss, war es, als wäre er plötzlich vor meinen Augen«; und: »Als ich plötzlich meinen Pinsel laufen ließ, war es, als befände er sich unter meinem Pinsel« (Wang Yi, L. B., S. 485). Man hält dann in einem Augenblick, wie inspiriert, den entscheidenden Strich fest. Und statt das Modell direkt anzusehen, zieht man es vor, die auf die Mauer projizierten Schatten zu zeichnen – vielerlei Anekdoten berichten davon –, denn der Umriss, von jeglicher Materie losgelöst, ist suggestiver. Man ist weit von der modellhaften *Formgebung* des Nackten entfernt.

Ich habe gesagt, dass die Gegenüberstellung zwischen den

[2] Leonardo da Vinci: *Das Buch von der Malerei*, a.a.O., S. 399 ff.

beiden Traditionen unter diesem Blickwinkel vielleicht zu deutlich ist, um sie weiter vertiefen zu müssen: Über die Pose sucht der europäische Maler die für sich bestehende Form selbst zu erfassen, in ihrer Formgebung, wie sie das Nackte verkörpert. Dagegen sucht der chinesische Maler über die ›Anti-Pose‹ das typische Merkmal zu erfassen – wie bei uns im Entwurf –, den kennzeichnenden Strich, der allein die Persönlichkeit offenbart. Dabei darf man es jedoch nicht bewenden lassen. Denn die Pose lässt etwas aufscheinen, das sich unserem Verständnis zufolge im Kern der Repräsentation befindet, nämlich das Verhältnis zwischen Subjekt und Objekt. Im Angesicht seines Modells misst sich der Künstler mit einer Wirklichkeit, die ihm absolut äußerlich ist. Das Äußere der »Sache« ist durch und für seinen Geist ebenso eindeutig begründet wie die Kraft seines Geistes selbst. *Res extensa* und *res cogitans*: Eine Pose einnehmen zu lassen bedeutet, demjenigen, der posiert, einen bloßen Objektstatus zuzuweisen, dessen Gültigkeit *a priori* begründet ist. Von jeglicher Subjektivität abgeschnitten, wird das Objekt allein nach den Gesetzen der Wahrnehmung erfasst. Daher die perzeptive Formgebung, die dem Nackten wesentlich ist. Das Nackte ist der objektivierte Körper par excellence. Und wenn das Nackte in der Renaissance und im gesamten klassischen Zeitalters eine neue Blüte erlebt (die Pose wird hier »akademisch«), dann liegt das daran, dass sich zur gleichen Zeit eine objektive Naturwissenschaft etabliert, die auf der Notwendigkeit und der Universalität ihrer (physikalischen, optischen usw.) Gesetze beruht. Noch einmal Leonardo: »Studiere zunächst die Wissenschaft, setze dann in die Praxis um, was aus dieser Wissenschaft geboren wird.« Das Nackte geht mit dem Aufstieg der Theorien der Perspektive einher, die das Objekt aus der Wahrnehmung konstruiert und der Formgebung ein Relief zuweist. In der ersten »Akademie«, die auf Initiative von Vasari in Florenz gegründet wurde, wurde die Anatomie und die Perspektive gemeinsam mit der Aktmalerei gelehrt: Es gibt eine *episteme* des Nackten.

Panofsky kann ohne weiteres bemerken, dass das mittelalterliche Denken umgekehrt weder Subjekt noch Objekt kannte. So ließe sich verstehen, warum das Mittelalter diejenige Epoche der westlichen Zivilisation markierte, in der das Nackte am vollständigsten ausgeblendet war. Genauso könnte man sagen, dass China das Verhältnis zwischen Subjekt und Objekt verkannt hat. Oder besser: Die chinesische Kunst ist über dieses Verhältnis, das sie für unfruchtbar hielt, hinausgegangen. Die »Landschaft« ist von der »Emotion« nicht getrennt, vielmehr befindet sich die eine in der anderen – die eine offenbart die andere. Wie einige chinesische Denker gesagt haben (Wang Fuzhi macht daraus sogar das Herzstück seiner Poetik), ist die Trennung zwischen dem, was das »Auge« betrifft, und dem, was den »Geist« anbelangt, eine scheinbare Trennung, die nur in der Sprache existiert. Ein (poetisches oder darstellendes) Bild ist unerschöpflich beides. Diese »Unterschiedslosigkeit« ist auch hier kein Mangel (an Klarheit oder Rationalität?), sondern Reichtum und Wirkung. Die Kunst, erklären die chinesischen Ästhetiker zur Genüge, ereignet sich in der Zusammenkunft (der Verschmelzung) zwischen der Innerlichkeit und der Welt; ihr Prozess – auch hier drängt sich der Begriff auf – entsteht aus der fortwährenden Interaktion zwischen beiden. Betrachten wir noch einmal den »eleganten Felsen« von Ni Zan: Er steht (posiert) nicht wie eine (äußere) Sache vor dem wahrnehmenden Geist. Er hebt vielmehr in der Vagheit seiner Gestaltung, die zwischen dem »Da« und dem »Nicht da« der Transformation schwebt und daher von jeder verdinglichenden Formgebung befreit ist, jegliche Idee von Objektivität auf. Er widerspricht der Objektivität nicht, sondern ignoriert sie. Er schließt ihre Möglichkeit aus. Dieser Felsen wird nicht »dargestellt«. Wir werden darauf noch einmal zurückkommen.

Verbleiben wir für den Moment bei jenem ersten bereits angedeuteten Gegensatz. Das Nackte, das in seiner modellhaften Form erfasst wird, sich in der Pose ausliefert und eine objektive Wahrnehmung aufruft (bzw. eine Objektivität andeutet, die sodann unter Umständen zu bekämpfen ist), zwingt sich durch seine *Präsenz* auf. Und diese Präsenz besitzt Einbruchskraft: Indem sie in den Raum einbricht und diesen unter sich faltet, ihn in sich sättigt, erzeugt sie um sich herum Leere; die anderen »Dinge« – Stuhl, Laken, Teppich – können nur als Auflage oder Schmuck dienen, sie ziehen sich zurück und kapitulieren. Das gilt selbst für verschleierte Kompositionen wie bei Bonnard. Im Gegensatz dazu zeichnen sich die Darstellungen der chinesischen Kunst durch eine (virtuelle) *Prägnanz* aus. Im Stadium des Virtuellen ist noch nichts endgültig entschieden, die Wirklichkeit ist angefüllt mit Möglichkeiten, von denen noch keine ausgeschlossen worden ist. Die Vagheit, die der Gestaltung innewohnt, lässt die Dinge, statt sie (der Wahrnehmung) aufzudrängen, diskret hindurch. Die Unentschiedenheit ist ihre Quelle; und das Reich der Abwesenheit, das sie beherbergt, führt durch den Strich, der sich abzeichnet, auf ihre Immanenzfähigkeit zurück.

VIII. Das Eigene der Kunst, im Gegensatz zur Wissenschaft

oder Philosophie, ist, dass sie im Prinzip nichts ausschließt; ihre Äußerungen enthalten unendlich viele Variationsmöglichkeiten, die sich zwar nicht aufeinander beziehen, aber, im Museum, gegenseitig tolerieren. So übel dem Begriff der Objektivität im 20. Jahrhundert auch mitgespielt wurde und so sehr die Formgebung des Nackten z. B. in Duchamps *Akt, eine Treppe hinabsteigend* zerstückelt wurde, der Zusammenhang mit den Werken einer langen Vergangenheit bleibt doch bestehen. Von der mit so viel Lust in Stücke gerissenen Objektivität – ebenso wie von der systematisch durchbrochenen Formgebung – bleibt stets etwas Widerständiges bestehen. Die hartnäckige Zerstörung – und gerade wenn die Zerstörung besonders hartnäckig ist ... – trägt die Spur dennoch weiter. Ich frage mich allerdings, ob es nicht etwas absolut Unvereinbares zwischen dem Bild von Ni Zan und all den gemalten oder möglichen Nackten gibt; ob dieses eigentümliche Gemälde nicht eine ganz andere Weise aufzeigt, die »Wirklichkeit« aufzufassen und sich auf sie zu beziehen. »Fein« oder »delikat« sind die Worte, mit denen die Kunst in China gewöhnlich beschrieben wird. Doch was besagen diese Worte, die wir – damit sie uns weniger stören – nur eingeschränkt wahrnehmen? Zeigt sich hier nicht, dass wir etwas nicht *ganz verstehen*? Und wenn gerade dort, unter diesem Diskreten, alles – ohne Vorwarnung – umschlüge?

Denn es handelt sich hier nicht, das ist allerdings leicht zu verstehen, um einen einfachen Unterschied in der Wahl des Bildobjekts – Nacktes oder Felsen. Es ist das »Objekt« selbst, das im Geheimsten, vom einen zum anderen, in Frage gestellt ist. Nachdem wir bislang nur um das Problem gekreist sind und all die verschiedenen Blickwinkel ausprobiert haben, müssen wir es jetzt frontal angehen: Wodurch hat das Nackte, mehr als alle anderen »Dinge«, unsere Idee der *Repräsentation* verkörpert? Und wie hat die gelehrte Malerei in China sich dem so weit entziehen können? Fragen wir uns, um es mit einem Wort zu sagen – doch auch dieses Wort ist schon verdächtig: »Was« malen die Chinesen?

Hinter dieser Frage hört der Sinologe noch eine andere, die für ihn zu den schwierigsten überhaupt zählt: Wie kann er etwas wiedergeben, das er zwar in allen Bereichen beobachtet, das sich aber stets nur andeutet und insofern der Analyse entzieht: nämlich die wesentliche (und daher so schwierige) Tatsache, dass die Chinesen die *Mimesis* nicht kennen? Die Chinesen kennen weder den Gestus des Bruchs gegenüber der »Welt«, den die *Mimesis* – im wörtlichen Sinne als Nachahmung und Repräsentation – stillschweigend vollzieht, noch die Verdoppelung der Welt, die sie hervorruft, um jenen Bruch, gleich einer immerzu offenen Wunde der Natur, wieder zu verdecken, und deren »metaphorisches« Verfahren der Übertragung, wie Ricœur gezeigt hat, das Objekt erst ins Leben ruft. Denn es ist die *Mimesis*, die das Objekt erzeugt. Um die Existenz der Kunst zu rechtfertigen, sind die Chinesen dagegen nicht von der natürlichen Lust des Menschen an der »Nachahmung« ausgegangen, von der Aristoteles am Anfang seiner *Poetik* spricht und die am Ursprung sowohl der Malerei als auch der dramatischen Poesie steht. Die Chinesen haben diesen Faden schlicht nicht aufgenommen. Erinnern wir uns im Übrigen daran, dass sie auch das Theater nicht gekannt haben – die chinesische Oper ist jüngeren Datums – und demnach auch nicht die Idee der Bühne, auf der alle Blicke zusammenlaufen und die Handlung mit ihren Personen zur Schau gestellt wird. *Ad ostentationem scenae* – auch diese Zurschaustellung ruft das

Objekt ins Leben. Und das Nackte ist mehr als alles andere das *zur Schau gestellte* Objekt.

Ich gehe jedoch zu schnell über diese »Übertragung«, welche die Kunst vollzieht, hinweg. Was hat es damit bei den Griechen auf sich? Insofern man seit Aristoteles denkt, dass jedes Ding durch sein substantielles Substrat (seine »Materie«: *hypokeimenon*) und seine eigene Form (*morphe*) konstituiert wird, fasst man die Kunst logisch als die Einführung einer Form in eine Materie auf. Ein einzelner Mensch, sagt Aristoteles, ist eine bestimmte Form, die auf die eine oder andere Weise aus einem »Gemisch aus Haut und Knochen« besteht.[1] Die Skulptur oder die Malerei besteht also darin, die Form, die sich aus »diesem Gemisch aus Haut und Knochen« konstituiert, in jene andere Substanz (bzw. Materie) – den Stein oder das Papier – zu transportieren. Und weil die Materie durch ihre Unbeweglichkeit widerständig ist, wird Plotin sagen, muss die Form sie bezwingen. In der Form allein wohnt die Kunst: »Wenn demnach Dinge nebeneinandergestellt sind, meinetwegen zwei steinerne Massen, die eine roh und ohne künstlerische Bearbeitung geblieben, die andere aber nun durch die Kunst bezwungen zum Bilde eines Gottes oder auch eines Menschen [...], so erscheint der Stein, der durch die Kunst zur Schönheit der Gestalt gebracht worden ist, als schön, nicht weil er Stein ist (sonst wäre der andere gleichermaßen schön), sondern vermöge der Gestalt, welche die Kunst ihm eingab.« (*Enn.* V, 8)[2] Plotin sagt das an anderer Stelle allgemeiner (und dieser Bezug ist entscheidend, denn Plotin wird durch die Überführung des aristotelischen Begriffs der

---

[1] Aristoteles: *Metaphysik* (1035a), a.a.O., S. 198.
[2] Plotin: *Die geistige Schönheit*, a.a.O., S. 35.

Materie in die platonische Transzendenz der Form (der Form-Idee) zum ersten wirklichen Kunsttheoretiker des Okzidents): »Die nachahmenden Künste Malerei und Bildhauerei, Tanzkunst und Pantomimik, welche irgendwie auf der niederen Welt beruhen, ein Sinnliches zum Vorbild haben und die Gestalten, Bewegungen und Symmetrien nachahmen und umbilden (*metatitheisai*), die sie sehen, kann man nicht wohl auf die obere Welt zurückführen« (*Enn.* V, 9).³ Dieser Begriff der *Übertragung* der Formen, vom Modell auf seine Kopie, wird das gesamte klassische Zeitalter beherrschen; und er wird im Wesentlichen auf das Nackte anwendet. Die einzig entscheidende Frage ist sodann, wie Panofsky zusammenfasst, ob diese Form als solche in der Natur gegeben ist, um daraufhin durch Nachahmung in das Kunstwerk transportiert zu werden (ein großer Teil der Renaissance wird darauf zurückkommen), oder ob die Form sich nicht eher, als inneres Bild, im Geist des Künstlers befindet, der sie ohne weitere Vermittlung in die Materie überträgt (diese Auffassung ist im Mittelalter vorherrschend).

Doch wechseln wir die »Physik«, habe ich gefordert (und diesmal noch vor der »Ästhetik«). Verstehen wir also unter der Form nicht mehr eine Bestimmung, die in ihrem Prinzip von der sie umhüllenden Materie unabhängig und als solche in der Natur gegeben ist bzw. dem Geist erscheint; jene Form also, die das Nackte nachahmend repräsentiert. Halten wir die Form statt dessen für eine Aktualisierung der Lebensenergie (*qi*), die aus einem unterschiedslosen Grund hervortaucht, indem sie unter dem Einfluss einer unsichtbaren Wirkungskraft, die als »feinere«, gelöstere, »spirituellere« Energie (*shen*) den

---

³ Plotin: *Geist, Ideen, Seiendes*, in: *Plotins Schriften*, a.a.O., Band 1, S. 104-127, S. 121.

Prozess der Dinge und deren Transformation ins Leben ruft, sich individuiert (sich konkretisiert). Eine solche Wirklichkeit enthält aufgrund der Tatsache, dass sie in wahrnehmbarer Weise *Form annimmt* und zugleich mehr oder weniger undurchsichtig wird, in dieser Form nicht minder eine Dimension der Unsichtbarkeit oder des »Geistes«, aus der sie durch Immanenz hervorgeht. Eine Form zu reproduzieren heißt in diesem Fall, *durch sie* jene Dimension der Wirkungskraft einzufangen, die im Grunde nicht wahrnehmbar ist – je subtiler nämlich die Form, desto wirksamer die Kraft – und der sie ihre Existenz verdankt. Es ist also die Aufgabe des Künstlers, nicht die Form in eine andere Materie zu übertragen oder deren Widerstand zu überwinden, sondern, dem geläufigsten chinesischen Ausdruck zufolge, imstande zu sein, »von der Form ausgehend« den sie bewohnenden »Geist« (*chuan shen*) zu übertragen und ihn

---

* Eine Frage der Methode: Wie kann man hier den Unterschied anders ausdrücken, als ihn gleich zu Anfang mit einem Male und umfassend aufzunehmen, um zumindest eine Vorstellung von ihm zu geben – also in einer begrifflichen Sprache, die trotz der Gefahr einer Verflachung darauf hoffen soll, beide Teile ebenso wie deren Gegenüberstellung zu bewahren? Die Sprache ist in einem bestimmten Maße arbiträr (das heißt unbeholfen durch ihre Annäherungen und uneben in ihren Anpassungen) – doch was kann ich dagegen tun? Das Verfahren ist heikel: Um die Möglichkeit eines Vergleichs herzustellen – und selbst um nur diesem unter so viel Diskretion versteckten Umschlagen des Ganzen Raum zu gewähren –, bin ich gezwungen, das, was die chinesische Sprache ihrerseits in ihrer Semantik und der ihr eigenen Stilistik so nie gesagt hat, in eine westliche Sprache zu übersetzen; und zwar so weit, dass ich diese über Gebühr strapazieren muss. Sonst begäbe ich mich in die Gefahr, auf der Ebene der bloßen Heterotopie (z. B. einer chinesischen »Sensibilität«?) zu bleiben, oder ich würde in die Enge des einzigen Arguments des »Delikaten« getrieben; und in Ermangelung eines theoretischen Rahmens für die Unterscheidung – der selbst natürlich nicht endgültig ist und stets zu überarbeiten bleibt –, wäre ich nicht in der Lage, der Abweichung den angemessenen Platz zuzugestehen oder sie zu integrieren. Ich werde im Folgenden auf die chinesische Intuition in einer eher anekdotischen Weise zurückkommen und versuchen, mich näher ›am Boden‹ ihres eigenen Sagens zu halten und für ihr Aufblitzen empfänglich zu bleiben.

hindurchzulassen. Indem Ni Zan die unbestimmte Masse des von der Leere durchdrungenen Felsens malt, »überträgt« er die »spirituelle« Dimension, die ihn hervorbringt, er *lässt sie passieren*. Denn der Geist ist nicht das Eigene des Menschen, sagen die Denker der Song-Zeit mit Bezug auf die Malerei (vgl. Deng Chun, L. B., S. 75), die anderen Wirklichkeiten besitzen ebenfalls die Dimension des Geistes. (NB: Ich übersetze hier mit »Dimension des Geistes«, um den dualistischen Schnitt zu vermeiden, den der Begriff des Geistes bei uns unmittelbar auslösen würde.)

Gu Kaizhi aus dem 4. Jahrhundert unserer Zeit ist der erste Maler Chinas, dessen Name überliefert wurde. Er ist vor allem für seine Portraitmalerei bekannt. Ihm schreibt man als Erstem die Kunst der »Übertragung des Geistes« zu und die verschiedenen Anekdoten, die sich um seinen Namen ranken (vgl. den *Shishuo xinyu*, Kap. 21),[4] helfen uns, die beabsichtigte Wirkung und die Bedeutung seiner Kunst zu erfassen. Sehen wir uns die erste, allgemeinste dieser Anekdoten an. Wenn Gu Kaizhi eine Person malte, so lesen wir, konnten manchmal Jahre vergehen, ohne dass er mit einem Punkt die Pupillen setzte. Auf die Frage, warum er das mache, antwortete er: »Die Anmut oder die Hässlichkeit der vier Gliedmaßen hat überhaupt nichts mit dem subtilen Punkt zu tun, an dem der Geist übertragen wird; denn genau das heißt es, ein Portrait zu entwerfen.« »Genau das« bezieht sich hier auf die Pupillen. Die Pupillen sind dieser subtile, kennzeichnende Punkt, durch den der wirkliche oder dargestellte Geist der Person zuvorderst hindurchgeht; die Form des Körpers als solche und seine

---

[4] Vgl. Jean-Pierre Diény: *Portrait anecdotique d'un gentilhomme chinois. Xie An (320 - 385) d'après le ›Shishuo xinyu‹*. Paris, 1993.

Schönheit sind von geringer Bedeutung. Dagegen entscheidet die Kunst, mit der die Pupillen angedeutet – »punktiert« – werden, über die Lebendigkeit des Ganzen, also den »lebendigen« und wahrhaften Charakter des Portraits.

Der Geist der Person wird aber nicht nur durch das Setzen von Pupillen gekennzeichnet. Als der gleiche Maler eines Tages einen bedeutenden Mann der Vergangenheit darstellte, fügte er der Wange drei Härchen hinzu. Auf die Frage, warum er das mache, antwortete er: »Er war eine hervorragende und glänzende Persönlichkeit, und er hatte viele Kenntnisse und Fähigkeiten. [Die Striche] stellen genau diese Vielfältigkeit der Fähigkeiten dar«. Die Betrachter des Bildes erkundigten sich; und sie stellten tatsächlich fest, dass es mit dem Zusatz der drei Härchen so war, »als ob sein Geist glänzte«; und »dass es bei weitem besser war, als zu dem Zeitpunkt, an dem sie noch nicht gesetzt waren«.

Diese Anekdoten sind gemäß dem Geschmack der Epoche wiedergegeben, um unsere Bewunderung für ein hervorragendes Talent zu erwecken. Sie lassen sich nur »von Geist zu Geist« wertschätzen. Aber sie geben auch zu denken. Sie sind selbst kennzeichnend; auf subtile Weise sind sie in der Lage, uns etwas ganz anderes als die uns bekannte Kunst der Repräsentation vor Augen zu führen. Es ist nicht die Form in ihrer (»nachzuahmenden«) Bestimmungskraft, sondern ein winziger Punkt – zwischen dem »Da« und dem »Nicht da« –, an dem sich alles abspielt. Nicht der Körper zwingt sich durch seine Materie und seine Formgebung auf, sondern einer seiner – kaum wahrnehmbaren – Bestandteile, der so subtil ist, dass er den Übergang zwischen dem Sichtbaren (dem Physischen, dem Offenkundigen) und dem das Sichtbare in sich tragenden Geist herstellt, welcher als Ganzer durch den Strich hindurchscheint. Als Gu Kaizhi das Portrait eines Würdenträgers vom Hofe anfertigen wollte, antwortete ihm dieser: »Meine Gesichtszüge sind abstoßend, es ist nicht nötig, sich die Mühe zu machen ...« Man berichtet, dass er tatsächlich an einem Sehfehler litt. »Aber es ist gerade wegen Ihrer Augen«, antwortete der Maler. »Ich werde die Pupille nur mit einem hellen Punkt andeuten. Dann werde ich mit der Technik des ›schwebenden Weiß‹ leicht darüber hinweggehen, und es wird sein, als ob zarte Wolken die Sonnen bedeckten.« Dieses ›schwebende Weiß‹ verweist auf eine Technik der Kalligraphie, in der durch den Schwung des Pinsels eine weiße Fläche inmitten der Strichführung der Schrift gelassen wird. Das Weiß, das durch die Form hindurch erscheint, ist der Ort, an dem die physische Erscheinung sich entleert, sich klärt und flüchtig wird, aber gerade dadurch auf die (unfassbare, unerschöpfliche) Dimension des Geistes anspielt, die sie durchquert und zum Schwingen bringt.

Man sagte von diesem Maler, dass seine Malerei einer Seidenraupe gliche, die im Frühjahr ihren Faden spinnt. So leicht taucht seine Strichführung hervor und überführt in ihrer Kontinuität die Linien der ungebrochene Dynamik des Lebens in die Bewegung der Kleider; »auf den ersten Blick« ist das Bild »flach und einfach«, und manchmal ist sogar die Ähnlichkeit der Form fehlerhaft. Aber »mit einem genaueren Blick gewahrt man die vollendete Kunst, und es gibt dort etwas, das man mit Worten nicht beschreiben kann« (L. B., S. 476). Die Ähnlichkeit der Form (*xingsi*) gehört ganz allgemein nicht zu den wichtigsten Anliegen der chinesischen Kunst. Die »Sechs Prinzipien der Malerei« von Xie He, die auf dem Gebiet zum

Dogma geworden sind, führen als erstes, von allen anderen gesondertes Prinzip die Resonanz an, die aus der Lebensenergie entsteht und der Gestaltung Leben und Bewegung verleiht. »Resonanz« bedeutet nicht im eigentlichen Sinne Ton: Resonanz bezeichnet die unfassbare und unaussprechliche (»spirituelle«) Qualität, die dem klanglich oder physisch Gegebenen inhärent ist, die aber von der in ihr enthaltenen Materialität abgelöst ist und sich folglich über sie hinaus frei entfalten kann; sie lässt durch die intime Aktualisierung ihrer Erscheinung die kosmische Schwingung passieren und sich verbreiten. Als zweites Prinzip folgt die Technik, durch den richtigen Gebrauch des Pinsels der Gestaltung ein »Gerüst« zu verleihen; und erst an dritter Stelle steht die Gestaltung der Form. Es ist jedoch noch nicht gesagt, dass diese durch Nachahmung zu repräsentieren habe: Es handelt sich in diesem Fall nicht um eine Übertragung der Form (dieser Begriff kommt erst im letzten Prinzip vor, in dem es um die Kopie der großen Meister geht, deren Modell man überträgt), sondern es geht darum, die Gestaltung der bestehenden Wirklichkeit entsprechen – »antworten« – zu lassen, so dass diese jene hervorruft. Das geschieht nach dem Vorbild aller Wirklichkeiten der Welt, die sich auf analoge Weise gegenseitig antworten und einander antreiben (siehe den Begriff des *ganying*), um einen fortlaufenden Prozess ins Leben zu rufen.

Man wird einwenden, dass diese Geringschätzung der Ähnlichkeit der Form in China das Ergebnis einer langsamen Entwicklung ist (die vor allem durch die Song-Zeit zur ersten Jahrtausendwende geprägt wurde; vgl. Su Dongpo: die Ähnlichkeit der Form sei nichts als »Kinderei«). Insofern geht das konstatierte Desinteresse an der Darstellung von Personen (und an deren Stelle das Interesse an der Landschaftsmalerei) mit einer zunehmenden Entfernung der chinesischen Maler von den Problemen der Ähnlichkeit einher. »Form« und »Resonanz« werden zwei entgegengesetzte Kriterien (L. B., S. 466): »Die Form zu malen ist leicht«, doch »den Geist zu malen, ist sehr schwierig«. Schon Gu Kaizhi sagte, die Verse des Xi Kang zitierend: »Die Hand, die die fünf Saiten anschlägt, ist leicht [zu malen] / das Auge, das die wilden Gänse nach Hause begleitet, sehr schwierig.« Denn dieser zum Himmel gerichtete Blick muss die Wehmut und das Verlangen nach Unendlichkeit, die in ihm wohnen, hindurchlassen. Die Geste der Hand hat eine Form, der Blick hat keine; die Hand ist berührbar, der Blick ist der Geist. Unter den Blumenmalern wird man später zwischen denjenigen, die »die Form beschreiben«, und denen, die »den Geist übertragen«, unterscheiden – und das gilt »mit umso größerem Recht im Falle des Menschen« (L. B., S. 70). Diese Formulierung wird geradezu sprichwörtlich. Aber selbst in den ersten Texten zur Bildästhetik, welche die Ähnlichkeit behandeln, sieht man, wie sich ein Verhältnis zwischen der Dimension des Geistes und der Formgestaltung (*shen* und *xing*) abzeichnet. Die Ausrichtung in der Darstellungsweise des Malers ist eine ganz andere als bei uns, denn wir befinden uns in der Falte der Repräsentation (hier bin ich anderer Meinung als Susan Bush in *The Chinese Literati on Painting*).[5] Die Formel ist kurz, aber entscheidend (Zong Bing, L. B., S. 583): »Die Dimension des Geistes hat grundsätzlich keinen Anfang und kein Ende; von den Formen beherbergt, erregt sie zum Leben (und bewegt), was ihr ähnelt.«

---

[5] Susan Bush: *The Chinese Literati on Painting*. Cambridge, 1971.

Dieses »Beherbergen« ist wichtig: Es zeigt an, dass der Geist vorübergehend die sich aktualisierende Form bewohnt und durch sie hindurch Entsprechungen hervorruft. Die Form dient hier nur als Vektor, der Geist verbreitet sich über sie hinaus. Und das Ähnlichkeitsverhältnis ist selbst von der – in Bewegung gesetzten – Erregung geprägt, die der Geist erzeugt. Das Malen, schlussfolgert der Text, bedeutet eben, durch die Gestaltung der Formen dem Geist einen »Aufstieg« (*chang shen*) zu ermöglichen, der Geist »geht« über die Form »hinaus«. Der Prozess des Malens antwortet also dem Prozess der Welt. Und indem man »die Form verlässt«, erreicht man, wie die spätere Ästhetik darlegen wird, die »wahre Ähnlichkeit« der inneren Resonanz.

Die gelehrte Malerei wird sich zunehmend mit diesem Gestus der Überschreitung identifizieren. Sie konnte also in der endgültigen und vollkommenen – für sich selbst stehenden und sich in ihrer Harmonie genügenden – Form, die bei uns durch das Nackte gefeiert wird, keinen Gefallen finden.

IX. Wir werden allerdings an diesem Punkt nicht stehen bleiben können. Denn ganz offensichtlich geht die Form auch im Nackten über sich hinaus; sie strebt zur idealen Form. Kommen wir auf Plotin zurück. »Die nachahmenden Künste«, wie die Skulptur und die Malerei, beruhen also »auf der niederen Welt«, lesen wir, denn sie haben »ein Sinnliches zum Vorbild«, das sie nachahmen und dessen »Gestalten, Bewegungen und Symmetrien« sie umbilden. Aber gleichzeitig hängen sie von der »oberen Welt« ab, vom Jenseitigen des »Intelligiblen« und der Ideen; denn »alles, was als ideale Formen im Reich des Sinnlichen weilt, das stammt aus jener Welt« (*Enn.* V, 9).[1] So steigt man von der genannten Symmetrie zur vollkommenen Symmetrie auf, welche die allein in der Welt des Geistes geschaute Symmetrie ist. Und die sinnlich wahrnehmbare Form ist nur ein »Bild«, ein »Schatten« oder eine »Spur« der idealen Form, die aus ihrer Welt »entkommen« ist, um sich in die Materie zu mischen und diese so zu ordnen, dass wir beim Anblick erschüttert werden. Umgekehrt (vom Standpunkt der Erfahrung aus) gesagt: Die Erschütterung entsteht aus dem Taumel im Angesicht einer Sache, die aus dem Unendlichen hervorkommt und zugleich genau umrissen und endlich ist und die mitnichten die Form selbst verschleiert – diejenige eines nackten Körpers. Aufgrund des plötzlichen Einbruchs aus dem Jenseitigen in die Unmittelbarkeit des Sinnlichen, des Sinnlichsten überhaupt, in den Umriss und die Fleischlichkeit der nackten Form, sind wir von Furcht ergriffen. Es ist eine metaphysische Erfahrung. Das Nackte zu malen oder in Stein zu hauen, bedeutet, eine solche *anabasis*, eine solche »Erhebung« vorzunehmen. Es gilt, durch die vorgefundene, als solche immer mehr oder weniger anekdotische Form hindurch eine übergeordnete – ideale – Form zu suchen, die diejenige des Absoluten und des Archetypus sei.

Es bleibt also, »daß die Gesamtheit der Wesen zunächst anderswo existiert«, nämlich im Jenseits der »oberen Welt« (*ektos kosmou*), von welcher diese Welt nur ein Abbild ist; im Jenseits der Unendlichkeit, in dem »alles schöner«, weil »unvermischt« ist, wo alles Himmel ist, »wo die Erde Himmel ist, ebenso wie das Meer, die Tiere, die Pflanzen und die Menschen …«.[2] So begründet Plotin den Begriff des *Idealen* in zweifacher Weise:

[1] Plotin: *Geist, Ideen, Seiendes*, a.a.O., S. 121.
[2] Plotin: Die geistige Schönheit, a.a.O., S. 43.

1.) Das Ideal geht aus einem der Welt äußerlichen Jenseits hervor, woher es seine absolute Vollkommenheit bezieht. 2.) Das Ideal ist die Form, welche die Materie bezwingt, indem sie diese in Form bringt (selbst die Seele ist, im Hinblick auf den Geist, Materie). Und hier ist der Unterschied zu China am deutlichsten. Wenn man die Geologie des Unterschieds bis zu einer ersten Spaltung zurückverfolgen wollte, so könnte man, denke ich, Folgendes sagen: Die Chinesen haben den Begriff des Ideals – und folglich auch die ideale Form – nicht gekannt. Denn sie haben kein der Welt der Prozesse Äußerliches gedacht (abgesehen vielleicht von einigen Dichtern mit besonderer Vorstellungskraft, wie Li Bo oder Li He, die, von einer anderen Welt träumend, aus dem Rahmen der chinesischen Ideologie herausfallen). Im Allgemeinen kennt das chinesische Denken keine andere Welt als die des Verlaufs oder des »Wegs« (*tao*), das heißt der *Wegbarkeit*. Der »Himmel« ist für die Chinesen nichts anderes als die Gesamtheit der Prozesse, die vom unterschiedslosen Grund ausstrahlen und deren ureigene Kraft eine fortwährende Erneuerung gewährleistet. Der niemals von seinem Verlauf abweichende Himmel verkörpert die Regulierung; daher entspricht er eher dem, was wir unter Natur verstehen. Als Beweis kann ich anfügen, dass die Chinesen, als sie ihre Sprache den Begriffen des Okzidents öffnen mussten, das »Ideal« nur mit *li-xiang* (das »Denken des *li*«) übersetzen konnten, mit dem Begriff also, der uns als die »innere Kohärenz« begegnet ist, welche untrennbar von der sie organisierenden Lebensenergie ist und dafür sorgt, dass sich ein Bambus als Bambus oder ein Felsen als Felsen entfaltet: dass der Felsen, wie immer seine Form ist, eine ihm eigene Ordnung erhält, die ihm die Konsistenz eines Felsens verleiht. So gefasst wird der Begriff zu einem inneren Prinzip, das zugleich dynamisierend und strukturierend ist und von dem der Prozess der Dinge herrührt. Somit enthält er nichts mehr von jenem intelligiblen oder göttlichen Äußeren des Wesens und des Archetyps, das unsere Welt verdoppelt und unser Ideal, auf das der Geist sich richtet, zu verstehen gibt.

Doch ist es nicht sehr riskant, die europäische Kultur als etwas aufzufassen, das vom Jenseits (einer anderen Welt) heimgesucht und von diesem Streben unauslöschlich gezeichnet ist? Es gibt aus meiner Sicht nichts Schlimmeres als kulturelle Verallgemeinerungen; und dennoch scheint mir dieser einmal gesponnene Faden haltbar zu sein – mit ihm entwickelt sich eine Genealogie des Geistes: Das Streben nach dem Ideal hat die Vorstellungen der europäischen Kultur fruchtbar gemacht und zum Teil motiviert. Noch in Baudelaire hört man Plotin sprechen: »Sterbliche, ich bin schön! ein Traum aus Stein ...«[3] Und man wird nicht aufhören unter dem Deckmantel des Ideals »Gott« zu verweltlichen (man denke an all die in Stein gehauenen Ideale, wie die der Schönheit, der Freiheit usw.).

Nach diesem Ideal, als Form, strebt das Nackte. Und es ist dem Nackten allein vorbehalten, das Streben nach dem Ideal (im wörtlichen eher als im übertragenen Sinn) zu *verkörpern*. Wenn die Schönheit im Körper wie die Form in einer Materie ist, fährt Plotin in der Tat fort, so entstammt die Schönheit der Form des Körpers einer anderen Ebene (einer anderen »Welt«) als der Körper selbst. Anders gesagt, was die Schönheit des Körpers ausmacht, ist, dass man im Körper eine Form-Idee (*eidos*) erfasst, welche die »formlose und der Idee

---

[3] Charles Baudelaire: *La Beauté (Die Schönheit)*, in: *Die Blumen des Bösen*, a.a.O., S. 41.

entgegengesetzte Natur« verbindet und beherrscht. Insofern entsteht »der schöne Körper durch die Gemeinschaft mit der von den Göttern kommenden Formkraft« (*Enn.* I, 6).[4] Oder umgekehrt gesagt: »Es ist also auch in der Natur eine rationale Form (*logos*) der Schönheit«, welche das (intelligible) »Urbild der Schönheit im Leibe« ist (*Enn.* V, 8).[5] Dieser Grund der idealen Form konstituiert den ästhetischen »Kanon«: Die Seele beurteilt, dass der Körper schön ist, weil sie sich »an der ihr zugänglichen Idee abmißt und diese Idee bei ihrem Urteil benutzt wie man an der Richtschnur (*kanon*) das Gerade mißt«.[6] Der ideale Charakter der Form, den die Kunst anstrebt und der das Nackte verkörpert, bewahrt die Kunst vor dem Misskredit, in dem sie bei Platon steht – und dadurch wird Plotin, wie oben gesagt, zum Wegbereiter der Kunsttheorie des Okzidents. Denn die Kunst ist von nun an keine bloße Nachahmung natürlicher Dinge mehr, sondern »sie steigt hinauf zu den rationalen Formen, aus denen die Natur kommt«; und dadurch »fügt« sie der Natur etwas »hinzu«, sie geht über die sinnliche Form hinaus. Wie im *Zeus vom Kap Artemision*. »So hat auch Phidias den Zeus gebildet«, schlussfolgert Plotin, »nicht nach einem sinnlichen Vorbild, sondern indem er ihn so nahm, wie Zeus sich darstellen würde, ließe er sich herbei, vor unseren Augen zu erscheinen.« (*Enn.* V, 8)[7] Darin besteht sein Wesen: ein Nacktes ist niemals empirisch.

»Indem er sich vorstellte, wie er wäre«, heißt es in der französischen Übersetzung von Bréhier. Aber dieses »Vorstellen«

[4] Plotin: *Das Schöne*, a.a.O., S. 9.
[5] Plotin: *Die geistige Schönheit*, a.a.O., S. 41.
[6] Plotin: *Das Schöne*, a.a.O., S. 9.
[7] Plotin: Die geistige Schönheit, a.a.O., S. 37.

ist schon zu viel; ihn nehmend (»*labon*«), sagt das Griechische unverblümter. Plotin spricht hier nicht die Sprache, die Philostrat der Ältere seinem Apollonius von Tyana im Gespräch mit dem Ägypter verleiht: »Es ist die Vorstellung«, sagte Apollonius, und nicht die Nachahmung, »die diese Götter geschaffen hat«. Die Nuance ist wichtig. Denn selbst wenn diese »imaginatio« die Idee eines von der Nachahmung des sinnlich Wahrnehmbaren unabhängigen Geistes enthält, so versucht der Begriff doch, unter dem Deckmantel des Psychologischen, das, was das Abrupte und gar das Inkommensurable in dem Zusammentreffen der beiden Ebenen ausmacht und das Ereignis der Erscheinung des Nackten hervorruft, zu reduzieren bzw. zu integrieren. Er reduziert die extreme Spannung, die es konstituiert und dessen Erhabenheit es ausmacht. Phidias, sagt Plotin zutreffend, findet – »nimmt« – tatsächlich die Form (er macht die Statue), *doch* »so wie es wäre, wenn« (also nicht wirklich?) Zeus sich herbeilassen würde, »vor unseren Augen zu erscheinen«. Man muss dem Hervortreten des Nackten als Form aus einer anderen Welt die Ekstase und die Einbruchskraft in den Bereich des Sinnlichen belassen. Man muss bewahren, was aus jedem großen Akt *jedes Mal* etwas Wunderbares macht. Das Nackte ist die Offenbarung des Ideals durch die Form, es ist die Epiphanie des Logos. Und die gesamte griechische Kunst bleibt ihrer Form ausgesetzt. Selbst Platon, den man im Allgemeinen für einen Gegner der Kunst hält, vergleicht an einer bemerkenswerten Stelle (*Politeia* 472d), die auch Panofsky zitiert, das Modell der perfekten Stadt, für die es in der Wirklichkeit keine genaue Entsprechung gibt, mit dem Werk eines Malers, der, auch wenn er das schönste »Modell« eines nach den herrschenden Regeln schönen Menschen gezeichnet hat, nicht in der Lage ist zu beweisen, dass es einen solchen Mensch geben kann.

X. Der Kanon des Nackten wird zunächst durch die Zahl begründet, die in den Proportionen in Erscheinung tritt. Über Platon hinaus geht die Tradition bis zu den Pythagoreern zurück, denen zufolge die Schönheit des Nackten einer von der musikalischen Harmonie abgeleiteten Zahlenstruktur des Körpers zugrunde liegt. Zumindest beruft sich die Tradition darauf. Zahlen begründen die Maßeinheiten, gemäß derer alle Teile des Körpers miteinander verbunden und aufeinander abgestimmt sind; und da Form und Zahl äquivalent sind, unterliegt die Zahl in derselben Weise der Transzendenz wie die Form: Von den sinnlich – in Raum und Zeit – wahrnehmbaren Zahlen gilt es zu den intelligiblen Zahlen aufzusteigen, die der Verstand in sich selbst findet, und dann von diesen inneren zu den übergeordneten Zahlen – »Zahlen, die selbst unseren Geist übersteigen und unwandelbar in der Wahrheit bleiben«, wie Augustinus sagt.[1] So verkörpert das Nackte die Zahl der Zahlen, das heißt diejenige, die aus ihrer Vielheit hervortritt, um seine Einheit zu bezeichnen. Polyklet von Argos, dem man die berühmte Lehrschrift über den Kanon zuschreibt, sagt von der Arbeit des Künstlers: »Die Schönheit entsteht nach und nach, durch viele Zahlen ...« Und wenn die Kunsttheoretiker der Renaissance diese Forderung so genau befolgen, so liegt dies bekanntermaßen daran, dass sie darin eine metaphysische Wahrheit entdecken (vgl. Ficino): Die Figur des Vitruvius

---

[1] Vgl. Augustinus: *Vom Gottesstaat*, aus dem Lateinischen übertragen von Wilhelm Thimme, eingeleitet und kommentiert von Carl Andresen, München, 1978, Band 2, S. 90. (Vgl. a. ders.: *Bekenntnisse*, a.a.O., S. 517.)

schreibt den Menschen zugleich in einen Kreis und ein Quadrat ein, um die mathematische Übereinstimmung zwischen Makrokosmos und Mikrokosmos zu symbolisieren. Ebenso nehmen Alberti und Dürer das Nackte mit Winkelmesser und Zirkel in Angriff. Und Dürer treibt die Mathematik der Körperproportionen sogar bis zum *Trümlein**, jenem »Teilchen« unterhalb des Millimetermaßes, so dass sie zu einem Ziel an sich wird (s. Abb. S. 136,137)

Es kann jedoch keine Geometrisierung des bekleideten Körpers geben. Denn die Geometrie stützt sich auf die Anatomie und arbeitet folglich unmittelbar mit der Formgebung der Muskeln und der Haut, die das Nackte ausmacht. Bei alldem, was wir zuvor über den chinesischen Körper gesagt haben, dessen Umhüllung vor allem in Bezug auf die Durchlässigkeit gegenüber äußeren Einflüssen betrachtet wird, die das Innere des Körpers über die energetischen Kanäle durchströmen, darf man bezweifeln, dass er jemals einer solchen Geometrisierung seiner Oberfläche oder seines Volumens unterzogen wurde. Er hat eine solche Idee nicht einmal erahnen lassen. Ebenso hat sich das chinesische Denken (mit Ausnahme der späten Mohisten) nicht für das Verhältnis des Ganzen und der Teile interessiert, das in der stoischen, mit dem platonischen Denken des *eidos* rivalisierenden Tradition die Schönheit des Nackten als ein »Symmetrieverhältnis« zwischen den Bestandteilen begründet hat. Dagegen sind für die chinesische Malerei eher die Wechselfolge und das Zusammenspiel von »Leere« und »Fülle« konstitutiv. Und diese stellt sie – als gegenseitige Durchdringung des Sichtbaren und des Unsichtbaren, des »Da«

---

* Im Original deutsch. [A.d.Ü.]

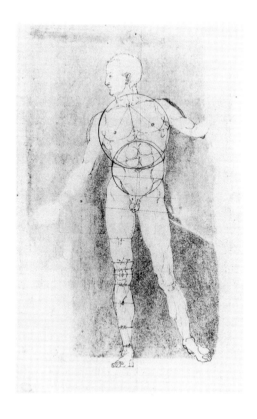

und des »Nicht da« – in der Gestaltung eines Bambushalms oder einer Felsenmasse dar.

Doch was ist ein »Teil« (*meros*), fragt sich das griechische Denken angesichts des Nackten mit Nachdruck. Denn das »Sein« eines Teils lässt sich in Wahrheit nur auf paradoxe Weise erfassen. Ein Teil ist eines, weil es sich, wie der gesamte Körper, in einer entsprechenden Abgrenzung präsentiert (siehe den Anfang von Galenus Abhandlung *Über die Verschiedenheit der homoimern Körperteile*).[2] Insofern grenzt es zugleich an

[2] Vgl. Claudius Galenus: *Über die Verschiedenheit der homoiomeren Körperteile*, herausgegeben, übersetzt und erläutert von Gotthard Strohmaier, Berlin, 1970.

andere, benachbarte Teile an (sonst wäre es nicht mehr »Teil«), ohne sich jedoch mit diesen allseits zu vereinen (sonst wäre es nicht mehr »eines«). Von dieser Ambivalenz in der Modalität des Seins zeugt die Darstellung des Nackten. Das Teil ist zugleich eines, aber dennoch Bestandteil, in sich vollständig, aber dennoch abhängig. Das Nackte zeigt das Problem sogar am deutlichsten: Denn sofern die Körperteile individuell schön sind, verlieren diese *membra singula* ihre Schönheit, wenn sie vom zusammengesetzten Ganzen abgetrennt werden. »Das verkündet auch alle schöne Leiblichkeit«, sagt Augustinus, »da doch ein Leib, der aus lauter schönen Gliedern besteht, weit schöner ist als die einzelnen Glieder für sich, durch deren wohlgeordnete Zusammenstimmung das Ganze sich erst vollendet, wie schön auch im einzelnen die Glieder für sich sind.«[3] Einerseits verkörpert das Nackte die mannigfaltige Einheit, auf der die Schönheit beruht: Das Eine ist mehrere, es ist verschieden, und seine Schönheit ist die der *concordia partium*. Andererseits hebt es die Vollständigkeit der Form hervor: das Eine muss alles sein. Plotin sagt (*Enn.* VI, 7): »Weshalb also bekam der Mensch Augen? Damit er ›alles‹ hätte. Und weshalb Brauen? Damit er ›alles‹ hätte.«[4] Und Augustinus sagt im *Gottesstaat* (XI, 22): »Rasiert man eine Augenbraue weg, nimmt man dem Körper so gut wie nichts und entstellt doch seine Schönheit, denn diese besteht nicht in der Größe, sondern im Ebenmaß und rechten Verhältnis der Glieder.«[5] Das Eigene des Nackten, worin es formgebend ist, besteht darin, dass es die Harmonie der Teile derjenigen des Ganzen unterordnet; oder anders gesagt: dass die Anatomie auf bestimmte Weise zum Organischen führen muss. Wie der Kanon des Polyklet lehrt, besteht die Schönheit (Chrysipp zufolge) »nicht nur aus der genauen Proportion der je für sich genommenen Teile, sondern auch aus ihrer Zusammensetzung«, das heißt aus dem richtigen Verhältnis »zwischen dem einen und dem anderen Finger, und zwischen allen Fingern und der Handwurzel und der Mittelhand ...«. Sowie zwischen diesen und dem Unterarm, zwischen dem Unterarm und dem Arm usw.[6]

---

[3] Augustinus: *Bekenntnisse*, a.a.O., S. 827.
[4] Plotin: *Wie kam die Vielheit der Ideen zustande? Das Gute*, in: *Plotins Schriften*, a.a.O., Band 3, S. 244-359, S. 255.
[5] Augustinus: *Vom Gottesstaat*, a.a.O., Band 2, S. 35.
[6] Vgl. Hans von Steuben: *Der Kanon des Polyklet. Dioryphoros und Amazone*, Tübingen, 1973, S. 46 f.

Die Beziehung ist bei genauer Betrachtung wechselseitig, und daher rührt die Schwierigkeit in der Darstellung des Nackten. Die verschiedenen Teile müssen, während sie sich untereinander anpassen, zur Einheit des Ganzen zusammenlaufen. Aber sie müssen ebenso zu dieser gemeinsamen Einheit zusammenlaufen, damit sie sich tatsächlich einander anpassen. Es gibt hier kein Davor oder Danach; die Bedingung ist zugleich die Folge, die *arche* ist auch das *telos*. Die Form des Nackten hängt insgesamt an dieser Umkehrbarkeit und nährt sich von ihr. Im Schmelztiegel des Nackten vereinigen sich so auf untrennbare Weise die zwei Modi der Schönheit, welche die klassische Tradition unterscheidet: die Harmonie des Ganzen (*pulchrum*), das heißt die Übereinstimmung eines Objekts mit dem, was es sein soll (das *eidos*), und die Harmonie des Teils (*aptum*), das heißt die Übereinstimmung eines Objekts mit einem anderen, mit dem es verbunden ist. Die eine ist die Übereinstimmung einer Form mit ihrer Norm, die andere die Übereinstimmung einer Form mit dem Zusammenhängenden, in das sie sich integrieren muss; zusammen bilden sie den Körper als Symbol der »Harmonie«. Augustinus definierte die Schönheit des menschlichen Körpers als »die Harmonie seiner Teile, begleitet durch eine gewisse Lieblichkeit des Fleischlichen«. Darauf antwortet Alberti mit Blick auf das Nackte, dass man »in der Composition der Flächen in erster Linie die Anmuth und Schönheit der Dinge«[7] suchen solle. Die Schönheit ist eine Zusammenstellung der Teile zu einem Ganzen gemäß

---

[7] Leon Battista Alberti: *Kleinere kunsttheoretische Schriften*, im Originaltext herausgegeben, übersetzt, erläutert, mit einer Einleitung und Excursen versehen von Hubert Janitschek, Wien, 1877, S. 110.

einer bestimmten Zahl, Proportion und Ordnung, so wie die Harmonie, das »oberste Gesetz der Natur«, es fordert.

Die »Harmonie« als Gesetz der Natur? – So haben die Chinesen auch gedacht. Sie haben die Harmonie (*tai he*) zum höchsten Wert erhoben; genauso wie sie die »Natürlichkeit« zum wesentlichen Ansatzpunkt ihres Denkens gemacht haben. Daher muss man zwischen zwei Typen von Harmonie unterscheiden – und die Spaltung vertieft sich weiter: Auf der einen Seite steht die Harmonie vom Standpunkt des Seins der Form (*eidos*) aus betrachtet; sie ist zugleich konstitutiv und unterschieden, sie fußt auf dem Verhältnis des Teils und des Ganzen und wird durch das Nackte exemplifiziert bzw. findet in diesem sogar ihre Offenbarung. Auf der anderen Seite steht die Harmonie vom Standpunkt des Verlaufs und des Wegs (*tao*) aus betrachtet; sie ist die eines in Wechselfolgen variierenden Prozesses, der durch das Denken der Regulierung vollzogen wird. Auf der Rolle des Malers, sagen die Chinesen, »schließt« und »öffnet« jeder Strich zur gleichen Zeit – statt ein integriertes Element zu »sein«, befindet sich der Strich im Übergang; er wird durch ein Verhältnis des Gegensatzes und der Komplementarität gehalten und deren ausgleichende Entfaltung ergibt durch die Umwandlung seiner Form einen Vektor der Konstanz (der »inneren Kohärenz«). Die Harmonie ist dergestalt, dass man im Wechsel von »Leere« und »Fülle« die unbestimmte Form des Felsens sich entfalten sieht.

Die eine ist eine *synthetische* Harmonie, die dem analytischen Anspruch folgt und durch Integration hervorgeht (das Nackte); die andere ist eine *regulierende* Harmonie, aus der sich die Kraft des kontinuierlichen Übergangs ergibt. In die Praxis umgesetzt wird diese Harmonie z. B. im *taijiquan*, der »chinesischen Gymnastik« (wobei diese Übersetzung sehr ungenau ist ...). Man könnte noch weiter ausführen, was hier, im Gegensatz und vom Standpunkt der Vorgehensweise aus gesehen, das Nackte symbolisiert. Denn der Umstand, dass das Nackte sich im Grunde nicht nur im Zentrum der Plastik, sondern auch des europäischen Denkens befindet und somit ein Produkt des griechischen Geistes ist (auch wenn man es historisch noch weiter zurückverfolgen kann, z. B. nach Ägypten oder gar zu den *Kykladenidolen*), ist dadurch begründet, dass die vorzügliche Weise, in der es den Teil mit dem Ganzen verbindet, die eigentliche Vorgehensweise des griechischen Denkens reproduziert: nämlich gleichzeitig zu »unterscheiden« (*discernere*), was als eines erscheint und es nicht ist (oder weniger ist, als es erscheint), *und* zu »verbinden« (*conectere*), um davon so viel wie möglich wiederzugeben. Das Nackte ist der ideale Gegenstand, diese doppelte Vorgehensweise wahrzunehmen; beispielhaft stellt es deren Komplementarität auf die Probe: auseinander halten *und* zusammensetzen. Indem es sich von der sinnlichen Vielheit zur Einheit der Form erhebt und von dieser zu den verschiedenen sie umhüllenden Formen wieder hinabsteigt, und zwar bis zu dem Punkt, da es die »unteilbare Form« erreicht, begründet das Nackte ein (platonisches) dialektisches Wechselspiel, welches genau dasjenige ist, aus dem – in Griechenland – die Philosophie entstand.

XI. Die Kraft des Gegensatzes, der das Nackte als Symbol sowohl für die Prämissen als auch für die Vorgehensweise des griechischen Denkens hervortreten lässt, bringt sogar die bislang am wenigsten fragwürdig erscheinenden Kategorien ins Wanken – z. B. neutrale, bloß faktische Kategorien, die allein Handlungen kennzeichnen. Es gibt eine chinesische »Malerei«, wie es eine europäische Malerei gibt; wir sagen das wie eine Feststellung. Ein »Maler« »malt« – wir glauben, diese Aussage sei selbstverständlich bzw. tautologisch; das Tun selbst ist generisch. Und dennoch: Wäre das »Malen« an diesem Punkt wirklich eindeutig? Ließe sich unter der verlautbarten Übereinstimmung dieses »Malen« nicht insoweit von sich selbst trennen, dass der Begriff, der mit so vielen anderen in Verbindung steht, nicht mehr eindeutig fassbar wäre? Nicht dass der Begriff sich ganz auflöste, wie vielleicht in der zeitgenössischen Malerci, sondern einfacher, weil das Malen, im Verständnis der chinesischen Gelehrten, mit einer größeren Fragestellung zusammenhängt und einer umfassenderen Ordnung zugehört, von der man hier nur einen Teil gewahrte, und weil der Begriff somit weniger spezifisch wäre. Die Chinesen sagen vom gelehrten Maler oft, dass er »schreibt«; und dieses »Schreiben« steht dem sorgfältigen »Gebrauch des Pinsels« gegenüber (siehe die Gegenüberstellung *xie yi/gong bi*). Fragen wir uns: Wenn wir die Funktion der Darstellung beiseite ließen, behielte das Malen dann seine Eigenschaft? Wenn wir den Gebrauch des Pinsels beiseite ließen, wäre das Malen dann in der Überschreitung seiner Grenzen und im Wechsel der Gattung so weit gegangen, dass es sich von sich selbst entfremdete? Ich fürchtete zuvor, dass die Frage, »was« denn der chinesische Maler malt, zu sehr auf Gegenständliches abzielte; doch ich sehe jetzt, dass der Verdacht, aus der anderen Richtung kommend, auch den Begriff selbst untergräbt.

Geben wir diesem Zweifel Raum. Wenn ein Maler das Nackte malt, setzt er es als Objekt *in Pose*. Und das ist meines

Erachtens gerade das Erstaunlichste an der Wirkungsweise des Nackten (deren Befremdlichkeit innerhalb des »Akademischen« auszuloten wäre): nämlich dass ich von diesem Sein des Modells, welches vor mir sitzend genauso Subjekt ist wie ich – mit seinem Leben, seinen Gefühlen, seinen Hoffnungen, seinen Leiden und was weiß ich noch? –, nur noch seine unbeweglich gemachte Form behalte und es plötzlich, durch eine künstlerische Konvention, in ein *reines Objekt* verwandle. Deshalb fühle ich mich genauso wenig durch die Lust an seinem Fleisch versucht wie ich Mitleid für die Verletzung seiner Scham empfinde. Die (unerhörte) isolierende Kraft der ästhetischen Funktion, die das Nackte erhöht, grenzt es von vornherein aus dem Kreis des Alltäglichen aus. Wenn das Nackte posiert – sobald es posiert –, wird der Kunst ein Opfer gebracht; und die Kunst ist die »Kunst«, die sich selbst anblickt und sich selbst rechtfertigt. Ob auf der Estrade oder nur auf einem Laken, das Nackte ist von vornherein an eine gesonderte Stelle verwiesen, seiner Innerlichkeit enthoben; und dieses »Von vornherein« ist entscheidend. Das Nackte ist abgesondert, wie der Schauspieler abgesondert ist, der die Bühne betritt und dort von seinem inneren Leben abgeschnitten ist, um die Rolle zu verkörpern, die er spielen soll. Das Modell verleiht seine Formen dem plastischen Ausdruck, wie der Schauspieler seine Stimme, seinen Atem und seine Gesten dem Ausdruck der Ideen oder Empfindungen verleiht – das Nackte ist dem Theater wesensgleich. Unter meinem aufmerksamen Blick und weil es zur Schau gestellt ist, interessiert am Nackten nicht die nackte Person; was die Person gerade fühlt oder denkt, geht mich genauso wenig an wie ihre Vergangenheit. Im Moment der Pose ist jegliche Intersubjektivität aufgehoben (auch wenn diese hinter den Kulissen ihr Recht wieder in Anspruch nimmt: Picasso z. B. spielte mit der Ambivalenz in der Beziehung zwischen Maler und Modell).

Hat man das eigentümliche Verhältnis zur Genüge ausgelotet? Das Nackte ist sehr präsent, physisch präsent, doch man kommuniziert nicht mit ihm. Selbst wenn das nackte Modell mich ansieht, ist sein Blick doch abwesend. Denn ihm ist von vornherein jedes Recht zu sehen genommen, es ist – passiv – nur da, um angesehen zu werden. Man sollte besser sagen: Gerade weil das Nackte so vollendet präsent, physisch präsent ist, wird der Raum, in dem es sich erhebt, gesättigt, wird die Aufmerksamkeit monopolisiert und jeglicher Austausch mit ihm unmöglich. Es gibt keine Lücke mehr, keinen Hintergrund, von dem aus man in Dialog treten könnte. Und was sich so unseren Augen zur Schau stellt, verweist uns zugleich auf etwas Unerreichbares. Das Modell ist nur da, um zur Form zu führen und als Wahrnehmungsstütze für die Suche nach dem Maß und der Proportion zu dienen. In ihm treffen das Konkrete und das Abstrakte ohne Vermittlung zusammen und beide werden ins Extrem getrieben. Auf der einen Seite steht das Konkrete der Präsenz: dieser bestimmte Körper, den nichts mehr verbirgt, der dort vor uns präsentiert wird, im »Hier und Jetzt« der sinnlichen – vollständig sichtbaren – Formgebung und ihrer Fleischlichkeit. Dagegen steht auf der anderen Seite das Abstrakte der Situation: Ich berücksichtige weder das persönliche Leben dieses »Anderen« noch, was er gerade erlebt oder denkt, ich reinige ihn von jedem Affekt wie von jeder stets mehr oder weniger anekdotischen Neigung, er ist nur für die Möglichkeiten der Harmonie da, die ich von ihm ableite und, von ihm gesondert, in den Stein oder auf das Papier transportiere. Kurz und gut, die Kraft des Nackten hängt an folgendem Paradox: Der in seinem Fleisch und seinem Leben pulsierende Körper, der uns so nah ist – so dass sein Leben auch in uns hervorquillt –, wird nichtsdestoweniger auf Distanz gehalten, von uns abgeschnitten, auf die Seite der Dinge zurückgeworfen und existiert nur, um uns zu erlauben, durch ihn zu einer Idealität zu gelangen.

Doch was bedeutet in diesem Zusammenhang und um auf diese Ungebührlichkeit des Nackten zu reagieren die Tatsache, dass die Chinesen über den gelehrten Maler gesagt haben, er »schreibt«? Malen – Schreiben: das eine Wort breitet sich im anderen aus, statt sich von ihm zu unterscheiden; es findet im anderen seine Wahrheit. »Malen« (*hua*) bedeutet eigentlich »Konturen abzeichnen« – der Terminus bezeichnet etymologisch, seiner Schreibweise zufolge, den schmalen hoch liegenden Weg, der an einem Feld entlangläuft und es begrenzt. Das »Schreiben« beugt diese Perspektive. Man kann natürlich greifbare Gründe dafür angeben. Schreiben und Malen beanspruchen in China dasselbe Werkzeug: den Pinsel (die Tinte ist ihnen ebenfalls gemein). Im Unterschied zu unserem Alphabet sind die chinesischen Ideogramme auf ihre Weise ebenfalls bildliche Strichführungen, deren Formen zwar festgelegt, aber keineswegs erstarrt sind (die Kunst des Schreibens ist es, den Strichen Leben einzuhauchen). Die Gründe sind greifbar und beweiskräftig, denn sie berühren die Materialität der Dinge. Sie wären aber nicht in der Lage, den gemeinsamen Grund dieser Begriffe, der ihre Substitution ermöglicht, völlig auszuschöpfen. Wenn man von dem gelehrten Maler sagt, dass er schreibt, so meint man damit, dass das, was er darstellt – Bambus, Felsen oder Mensch –, niemals von dem, was er sagen will, abgeschnitten ist und dass die Form, die er zeichnet, selbst wenn sie der Welt entlehnt ist, stets durch seine Persönlichkeit geprägt bleibt. Die Abhandlungen bestehen auf diesem Punkt oder machen gar aus ihm das erste Gebot: Was er auch malt, den Bambus oder den Felsen, der chinesische Maler muss damit beginnen, sich »im Geist« mit dem Gegenstand zu »vereinen« (*shen-hui*); er liefert sich ihm aus. Er »empfängt« die Form und »ergießt« in ihr seine Empfindungen. Die gegenseitige Öffnung und das Wechselspiel zwischen diesen Polen lässt den Prozess der Malerei wie den der Poesie entstehen. Und dieses »Schreiben« des Malers – das expressive Schreiben – ist sehr weit von der objektivierenden – isolierenden – Prämisse entfernt, die das Nackte verkörpert.

Es gibt im Chinesischen ein Wort, das sehr genau ausdrückt, dass jeder durch einen Maler oder einen Dichter dargestellten Sache eine Intentionalität innewohnt; zugleich macht es verständlich, dass das, was gemalt – bzw. »geschrieben« – wird, niemals vollständig objektivierbar ist. Es ist der Begriff *yi*, der so viel bedeutet wie: Idee, Lebenskraft, Intention, Bedeutung, Sinn, Gefühl, genauer Blick ... Wenn der gelehrte Maler malt, so »schreibt« er »*yi*« (*xie yi*). Man spricht vom »*yi* des Pinsels« (*bi yi*), wie man auch vom »antiken *yi*« (*gu yi*) oder vom »lebendigen *yi*« (*sheng yi*) spricht. Allgemeiner gefasst bezeichnet der Begriff das, »wohin mein Innerstes strebt«. Dass es in unseren Sprachen keinen Begriff gibt, der jenes *yi* korrekt wiedergeben könnte, liegt nicht so sehr in der Breite seines semantischen Spektrums begründet, sondern eher darin, dass *yi* Ebenen artikuliert, die wir voneinander getrennt haben: die Ebenen der Bedeutung und der Lebensenergie, des Begehrens und der Idee. (Ich gebe den Begriff – bei aller

Vorsicht – mit »Intentionalität« wieder, wobei ich nicht an die phänomenologische Bedeutung anschließen, sondern nur die Idee des Zielens und der Spannung des Bewusstseins in Richtung dessen, was es ausdrückt, beibehalten möchte).

Wenn der chinesische Maler eine menschliche Figur darstellt, so wird er nicht die Form des Körpers repräsentieren, sondern die ihr typischste Intentionalität wiedergeben. »In jedem Menschen«, sagt der große Gelehrte der Song-Zeit (Su Dongpo, dem man die Hervorhebung des Begriffes *yi* verdankt, L. B., S. 454), gibt es einen bestimmten Punkt, »an dem sich die Intentionalität befindet«. Entweder in den Augen oder an den Augenbrauen oder auf den Wangen oder »zwischen Bart und Wangenknochen« ... Wie jene drei Härchen, die der Maler Gu Kaizhi seinem Portrait hinzugefügt hatte, so dass es war, »als ob der Geist glänzte« und in ihnen die besonderen Fähigkeiten der Person ausgedrückt würden. Die Methode, nach der man eine Person darstellt, besteht darin, »aus dem Verborgenen«, aus der »Vielzahl« der Merkmale dasjenige zu suchen, das sie am besten erkennen lässt. Man sagt, dass die Kunst des Portraits auf dem gleichen *tao* beruht wie die Physiognomik. Ein guter Maler kann auch eine Person zum Leben erwecken, ohne sich um den gesamten Körper zu kümmern; er begnügt sich damit, jene besondere Stelle zu finden, an der die Intentionalität aufscheint. Ein Maler, der das Portrait eines Würdenträgers vom Hofe anfertigte, so wird uns an der gleichen Stelle berichtet, fand das Ergebnis nicht ähnlich genug; doch eines Tages, als er aus dem Palast zurückkehrte, rief er freudig aus: »Ich habe es!« Und er fügte an den äußeren Rändern der Augen je drei Falten hinzu, und zwar auf so diskrete Weise, dass sie kaum wahrnehmbar waren. Dadurch neigte sich der Kopf etwas und blickte nach oben, die Brauen hoben sich und der Punkt, an dem sich die Brauenbogen treffen, zog sich etwas in Falten ... So erreichte der Künstler, wie uns der Berichterstatter überliefert, »die große Ähnlichkeit«: jene, die »den Geist überträgt«.

Man könnte einwenden, dass sich hier die Betonung des Ausdrucks der Intentionalität und der inneren Verfassung hauptsächlich auf die Portraitkunst bezieht. Doch die Gegenüberstellung reicht in den Augen der chinesischen Theoretiker viel weiter: »Ob es sich nun um die Kunst des Schreibens oder der Malerei handelt«, empfiehlt es sich, »durch Vereinigung im Geiste vorzugehen«; dagegen ist es schwierig, »bei der Suche [...] von den greifbaren Formen auszugehen« (Shen Gua, L. B., S. 43). Der Ausdruck hat sprichwörtlichen Wert: Was man auch malt, »wenn die Intentionalität erreicht ist, ist es vollendet«, man »gelangt zur inneren Kohärenz« und »dringt zur Dimension des Geistes vor«. »Von weitem erreicht man einen natürlichen Modus der Intentionalität.« Der Modus ist »natürlich«, weil er, wie leicht zu verstehen ist, aus sich selbst hervorgeht, ohne zuvor erhoben, konstruiert oder objektiviert worden zu sein. Aber warum *von weitem*? Der Maler sperrt sich wie der Dichter dagegen, die Darstellung »einzuengen«. Das heißt nicht, dass er ihr gegenüber gleichgültig wäre; im Gegenteil, die Distanz bewahrt das Expansionsfeld, das die Darstellung benötigt, um zum Ausdruck zu gelangen, und das durch eine abschließende, sie einfassende und sich im Objekt konstituierende Gegenüberstellung gebrochen würde. Und genauso wie das Expansionsfeld der Darstellung die Möglichkeit lässt, ihre Virtualität zu entfalten, zu verbreiten und abzulösen, gibt sich der Künstler selbst den Freiraum, die Darstellung zu entdecken und sich einen Weg zu ihr zu ebnen.

Jenes »von weitem« erlaubt für beide Seiten einen Prozess und lässt eher eine »Zusammenkunft« anstreben, als dass es eine Gegenüberstellung zementiert. Die antike chinesische Malerei, welche »die Intentionalität«, den Seelenzustand und nicht »die Form« darstellte, bietet dafür ein Beispiel. Das eine ist sogar die Bedingung für das andere: Indem man die greifbare, gegenwärtige und objektivierte Form »vergisst«, erreicht man die Intentionalität und den Seelenzustand; und beide lassen sich nur »jenseits der Tusche und des Pinsels« erlangen, ebenso wie der Reichtum der Bedeutung nur im »Jenseits der Worte«.

Noch einmal liefert uns der *Senfkorngarten* eine technische Erläuterung. Dass die Malerei, so erläutert die Abhandlung zu Beginn, danach trachtet, die Intentionalität zu »schreiben«, bringt sie der Kunst der Kursivschrift in der Kalligraphie näher, die sich in ihrer Schnelligkeit – welche allein aber natürlich nicht ausreicht – als viel schwieriger als die normale, jeden Strich einzeln setzende Schrift erweist. Aus diesem Grund sagt man bezüglich der Malerei, dass »das Schreiben an Intentionalität gebunden sein muss«, und »sofern es keine sich ausdrückende Intentionalität gibt«, es »nutzlos ist, den Pinsel auf das Papier zu senken«. Wenn die Intentionalität jedoch hindurchgeht (passiert), so folgt daraus notwendig, dass gemalte Personen, »selbst wenn sie keine Augen haben, sich anzuschauen scheinen«, und »selbst wenn sie keine Ohren haben, sich zuzuhören scheinen« (s. Abb. S. 150). Da die Abhandlung ein technisches Lehrbuch ist, führt sie beispielhaft einige schematische Darstellungen an: Hier trinkt man gerade etwas unter den Maulbeerbäumen – es ist die Jahreszeit der Chrysanthemen; dort sitzt man allein und rezitiert gerade ein Gedicht … (s. Abb. S. 151). Es werden

zugleich, in elliptischer Weise, besondere Situationen und die sie durchdringende Intentionalität ausgedrückt: »Sie erscheinen von der Seite«, mit ein oder zwei Pinselstrichen. »Zwischen ein oder zwei Pinselstrichen«, wie das Chinesische genauer sagt, um Raum für die Expansionsmöglichkeit der Strichführung zu lassen. Technisch bedeutet dies, dass hier eine Ökonomie der knappen Mittel gepriesen wird. »Es kommt vor, dass etwas, das viele Pinselstriche nicht auszudrücken vermögen, plötzlich zwischen ein oder zwei Pinselstrichen zum Ausdruck kommt«; und an dieser Stelle »erreicht man das Subtile«, jenes Subtile, das niemals aufhört, auszustrahlen und sich zu verbreiten. Das Gemälde oder das Gedicht sind reich an *Assoziationskraft*.

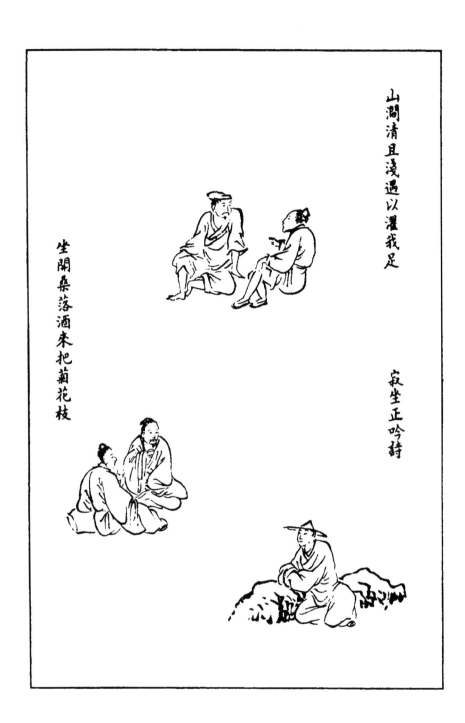

XII. Der chinesische Maler malt »von der Seite«, mit einigen feinen, kaum wahrnehmbaren, aber *prägnanten* Strichen, die für die Wiedergabe der Persönlichkeit vollauf genügen. Drei Härchen an der Wange, ein bedeutsames Runzeln auf der Höhe der Augenbrauen: Der Ausdruck der Intentionalität ergibt sich in der gelehrten Malerei ohne größere Rücksicht auf die Form des Ganzen durch das winzige Detail; er ist *kennzeichnend*. Hier kommt der Kontrast, über den das Nackte zu uns gelangt, noch einmal zur Geltung. Denn in der europäischen Kunst vermittelt die Darstellung der menschlichen Form das innere Gefühl oder die Ideen in einer Weise, die im Wesentlichen symbolisch ist und die gesamte Form, in ihrer eigenen Struktur, mit einschließt. Schelling formuliert dies in der Nachfolge von Winckelmann, Lessing und Herder, die in Europa für die Geburt der Ästhetik stehen, erneut (in der *Philosophie der Kunst*, § 123): Es ist die »symbolische Bedeutung der menschlichen Gestalt«, die der Künstler im Nackten zur Geltung bringt.[1] Die symbolische Bedeutung ist hier nicht nur die »aufrechte Stellung [des Menschen] bei gänzlicher Losgerissenheit von der Erde«, die als solche schon immer gepriesen wurde, sondern auch seine Zergliederung in zwei besondere »Systeme« (»des der Nahrung und Reproduktion und des der freien Bewegung«) sowie die Unterordnung der beiden Systeme »unter das oberste, dessen Sitz der Kopf ist«. Das führt uns zu der Vorstellung der synthetischen Harmonie zurück, die als Trägerin des Symbolischen dient. Schelling fährt fort: »Diese verschiedenen Systeme haben an sich eine

---

[1] Für dieses und die folgenden Zitate vgl. Friedrich Wilhelm Joseph Schelling: *Philosophie der Kunst*, Nachdruck der aus dem handschriftlichen Nachlaß herausgegebenen Ausgabe (Eßlingen, 1859), Darmstadt, 1976, S. 248 ff.

symbolische Bedeutung, erlangen sie aber erst vollkommen in einer Unterordnung, wie die der menschlichen Gestalt«. Und die menschliche Gestalt ist »das Urbild der Thiergestalten«. Denn während die anderen Gattungen »auf dem *Grund* des Luftmeers« leben, »erhebt sich der Mensch am freiesten in ihm«. Drückt die Natur des Menschen eine »Verbindung« des Himmels mit der Erde aus, »so ist diese, zugleich mit dem Übergang von dem einen zum anderen, auch durch seine Gestalt ausgedrückt«. Man beachte hier dieses »Zugleich«, auf dem das Nackte beruht. Dass der Mensch in seiner Gestalt sich zugleich (vom Grund der Welt) *abhebt* und mit der Welt (den gegensätzlichen Momenten, die im Universum wirken) *verbunden* ist, hebt die besondere symbolische Funktion des Nackten hervor, die mit keiner anderen vergleichbar ist. Anders gesagt: Da der Mensch das einzige Wesen ist, das nicht vollständig in die Ordnung der Prozesse integriert ist, wird die harmonisierende und integrierende Kraft seiner Gestalt, die zwischen den gegensätzlichen, aus dem Chaos einen Kosmos hervorbringenden Kräften aufgespannt ist, besonders spürbar.

Das Verzeichnis über die analogischen Bedeutungen der verschiedenen Körperteile bei Schelling und den ersten deutschen Ästhetikern knüpft an alte Vorstellungen an: Der als Landschaft ausgewiesene Körper ordnet das gesamte Universum neu: »Das Haupt bedeutet den Himmel und fürnehmlich die Sonne«; die Brust und die dazugehörigen Organe »bezeichnen den Übergang vom Himmel zur Erde, und bedeuten insofern die Luft«; und während die »Höhlung des Leibes« die »Umwölbung, welche der Himmel über der Erde bildet«, bedeutet, stellt der »Unterleib die im Inneren der Erde wirksame Reproduktionskraft« dar usw. Jedes einzelne Element evoziert eine eigene, in ein Netz von Entsprechungen gewebte Bestimmung, und darum ist jedes *in seiner besonderen Form* von Bedeutung. Zugleich behält die Bedeutung des Ganzen, in dem alle Elemente zusammenlaufen, im Verhältnis des Ganzen und der Teile, das den menschlichen Körper ausmacht, die Oberhand: Selbst in der Ruhe verweist die menschliche Gestalt »auf ein geschlossenes und vollkommen abgewogenes System von Bewegungen«, dessen Gleichgewicht ein »Bild des Universums« ist. Genauso spiegelt sich das universale Verhältnis des Verborgenen und des Offenbaren im menschlichen Körper wider. Denn die vollkommene Harmonie, das Gleichgewicht der Gestalt und der Rhythmus der Bewegungen sind von außen weder im Universum noch im Körper erkennbar, während »die geheimen Triebfedern des Lebens verborgen« bleiben und »die Werkstätte der Zubereitung und Hervorbringung nach innen gebracht« ist. Ob es sich um den menschlichen Körper oder um die Erde und das Universum handelt, stets konzentriert sich das Leben, »als Produkt der inneren Triebfedern«, an der Oberfläche, um sich dort in »reiner Schönheit« zu verbreiten; und darum kann die Formgebung der Muskeln auf der Oberfläche des menschlichen Körpers im Spiel der fortwährenden Veränderungen, die durch die inneren Spannungen bewirkt werden, zum lebenden »Symbol des allgemeinen Weltbaus« werden, den die Maler und Bildhauer unaufhörlich wiederzugeben suchen. Das Spiel der Muskeln, sagte schon Winckelmann, ist mit einer »anfangenden Bewegung des Meers« vergleichbar, von der man den Grund nicht kennt: »Sowie in einer anhebenden Bewegung des Meers die zuvor stille Fläche in einer nebeligen Unruhe mit spielenden Wellen anwächst, wo eine von der anderen verschlungen und aus derselben wieder hervorgewälzt wird, ebenso sanft aufgeschwellet und schwebend gezogen fließt hier ein Muskel in den anderen, und ein dritter, der sich zwischen jenen erhebt, und ihre Bewegung zu verstärken scheint, verliert sich in jenen, und unser Blick wird gleichsam mit verschlungen.«[2]

Wenn die menschliche Gestalt »der fremdartigen Bedeckungen, die den Thieren zugegeben sind«, entbehrt, folgert Schelling, so liegt das daran, dass diese *auch auf der Oberfläche* »nur [ein] *Organ*« ist, das den Äußerungen der Seele und des inneren Lebens als »unmittelbar empfängliches« Werkzeug dient. Die Bestimmung der Kunst liegt, wie es sich für ein dualistisches Postulat gehört, in der Darstellung von Ideen, »die über die Materie erhaben sind«; und somit ist »überhaupt kein Gegenstand der bildenden Kunst angemessener als die menschliche Gestalt, der unmittelbare Abdruck der Seele und der Vernunft«. Diese Lobrede gleicht derjenigen in der klassischen Antike, deren archäologische Spuren zu dieser Zeit wieder einmal entdeckt und ausgegraben wurden. Die Werke, an welche die deutschen Ästhetiker dachten, als sie die menschliche Gestalt priesen, sind die berühmte *Laokoongruppe* und der *Torso vom Belvedere*. Doch erinnern wir uns auch – um ein anderes Beispiel zu nennen – an die *Verleumdung des Apelles* von Botticelli, die einen so starken Kontrast zu dessen Venus bildet (s. Abb. S. 191). Die *Verleumdung* beleuchtet durch den Gegensatz mit den schwerfällig drapierten Körpern, die sie umgeben, die loslösende Symbolkraft des Nackten, welches in diesem Fall, durch die Zielgerichtetheit der Bedeutung,

---

[2] Für das Zitat Winckelmanns, den Schelling anführt, sowie die weiteren Zitate Schellings s. ebd., S. 252 f.

wahrhaft allegorisch wird: Allein die Wahrheit richtet sich auf, hoch aufgeschossen, stolz und von allen Hüllen befreit, bietet sie sich von vorn und völlig nackt dar – die »nackte Wahrheit«. Der alte Text, der die Geschichte des Apelles erzählt und nach dem die Komposition gemalt ist, hielt diesen Punkt allerdings offen – die »bescheidene und schamhafte Wahrheit«, begnügte sich auch Alberti (im dritten seiner *Drei Bücher über die Malerei*) zu sagen. Aber die Asymmetrie der Körperlinien, die auf dem klassischen Kontrapost beruht – geschwungener auf der einen Seite, aber immer noch anmutig, sich ausstreckend, linear und geometrisch auf der anderen –, lässt im Gemälde von Botticelli alle Teile der Darstellung auf eine einzige Geste hin zustreben: jenem offensichtlich symbolischen Fingerzeig zu Justitia, die als unsichtbare Zeugin angerufen wird und deren Macht – so scheint die innere Überzeugung zu sein? – eines Tages triumphieren wird.

Somit hätten wir zwei voneinander gesonderte Verfahren, um der Möglichkeit sowie der Unmöglichkeit des Nackten Raum zu geben: das *Symbol* und das *Kennzeichen*. Wenn ich jedoch, mit dem Ziel, die ästhetische Tradition Chinas von der europäischen zu trennen, beide Verfahren einander gegenüberstelle, so ist zu sehen, dass diese sich ebenfalls aufeinander beziehen, indem sie nämlich auf unterschiedliche Weise das Verhältnis zwischen dem Sichtbaren und dem Unsichtbaren artikulieren (statt die üblichen Gegensätze, über die man das Symbol begreift, erneut zu bedienen: Symbol vs. Metapher, Symbol vs. Allegorie usw.). Beginnen wir mit dem Bekanntesten und sehen wir, wie sich die semiotische Achse verschiebt. Das Symbol beruht auf einer Verdoppelung der Ebenen; das (konkrete) Symbolisierende verweist auf ein

(ideelles) unsichtbares Symbolisiertes, das intelligibel ist (z.B. der Vogel als Symbol der Freiheit). Das Kennzeichen dagegen ist ein Verhältnis des Details zum Ganzen; es ist ein winziger Punkt, der das Ganze erkennen lässt; seine Funktion ist es aufzudecken (ein Haar oder ein Abdruck genügen, um den unbekannten Missetäter zu verraten). »Fein«, »zart«, »subtil«, kaum sichtbar vollzieht das Kennzeichen den Übergang zwischen dem offensichtlichen und dem unscheinbaren Teil des Phänomens, das es in beide Richtungen zu verfolgen erlaubt. Genauer gesagt, ist es der Punkt, an dem das Sichtbare und das Unsichtbare sich *gegenseitig durchdringen*, statt sich voneinander zu trennen. Die voranstehenden Beispiele zeigen das. Während die uns vor Augen geführte synthetische Harmonie des menschlichen Körpers eine systematische – intelligible – (musikalische, mathematische ...) Ordnung symbolisieren kann, oder die Spannung und Dehnung der Muskeln das Streben einer Person nach Gerechtigkeit, so sind die drei skizzierten Härchen oder das Stirnrunzeln, sofern sie richtig wahrgenommen werden, ein ausreichendes Kennzeichen für einen *ganzen* Charakter und geben ein vollständiges Maß für dessen Fähigkeiten. Das Kennzeichen ist von der Art der Spur und nicht von der des Bildes. Während das Symbolische auf eine Logik der Repräsentation verweist (und eine Interpretation verlangt, die auf der ideellen Ebene die Bedeutung rekonstruiert), verweist das Kennzeichen auf eine Logik der Suggestion (der Andeutung), die fortgesetzt und entfaltet werden will, um die vollständige Wirkung zu erreichen.

Im antiken China drückt sich die Weisheit ganz selbstverständlich im Modus des Kennzeichens aus. Daher sind die Sprüche der Weisen für den, der des Lesens nicht mächtig ist, so enttäuschend. Es fehlt das Allegorische ebenso wie das Begriffliche. Denken Sie z. B. an Konfuzius in seinen *Gesprächen* (VII, 8): »Nehmen wir an, ich zeige jemandem eine Ecke, und er vermag es nicht, dadurch auf die anderen Ecken zu schließen, dann wiederhole ich nicht«.[3] Konfuzius spricht *kaum*; er lehnt Lektionen und Gleichnisse ab – aber er führt unaufhörlich auf die Spur. Genauso Mencius: Statt die Moral zu predigen oder durch stets anfechtbare Reden bekehren zu wollen, begnügt er sich zu zeigen, dass die Moral schon im Verhalten eines jeden hindurchscheint, und zwar in Form von »Endpunkten«, die kennzeichnende Merkmale (*si duan*) setzen – »punktieren« –, wie das Gefühl des »Mitleids«, das wir plötzlich empfinden, wenn wir »ein Kind erblicken, das im Begriff ist, auf einen Brunnen zuzugehen«.[4] Die Empfindung reicht aus, um in uns einen Rest von Menschlichkeit zu erwecken (für die wir, durch die Interessen des täglichen Lebens geleitet, das Bewusstsein verlieren). Sich zur Tugend zu erheben, bestünde demnach »nur« darin, jene Reaktionen, die zu einer bestimmten Gelegenheit »punktiert« werden, durch unser Verhalten insgesamt weiter zu entfalten. Und schließlich finden wir das gleiche Vorgehen noch einmal im *Buch der Wandlungen* (*I Ging*), das in der Gestalt der Hexagramme die »kennzeichnenden Tendenzen« zu lesen sucht, welche die zukünftige Bewegung (das *ji*) aufdecken.[5] Ganz allgemein besteht die gesamte chinesische

---

[3] Konfuzius: *Gespräche* (*Lun-Yu*), aus dem Chinesischen übersetzt und herausgegeben von Ralf Moritz, Köln, 1988, S. 69.
[4] Mong Dsï: *Die Lehrgespräche des Meisters Meng K'o*, a.a.O., S. 74.
[5] Mit der »zukünftigen Bewegung« sind die in »Vorwärtsbewegungen« und »rückläufige Bewegungen« aufgeteilten »Wandlungen« der Weltzustände gemeint,

Strategie in der Kunst darin, Kennzeichen freizulegen und von ihnen Gebrauch zu machen.* Diese Beispiele erlauben uns folglich, die Frage auf eine allgemeinere Ebene zu heben: Wäre das *Kennzeichen* nun allgemein ein Verfahren, das die chinesische »Welt« in den verschiedensten Bereichen, über den Modus des »Feinen«, »Zarten«, »Subtilen« – wobei wir diese Begriffe nur anekdotisch lesen können – bevorzugt hätte? Ein ›Modus‹, hinsichtlich dessen es tatsächlich eine chinesische Welt (›mundus‹) gäbe? Obwohl ich weiß, dass eine solche Konzeptualisierung, die einen Effekt der Totalisierung in sich birgt, Gefahr läuft, Widerstand hervorzurufen, kann ich mich für meinen Teil jedoch ebenso wenig mit dem (nett exotischen) Klischee von der chinesischen »Feinheit« begnügen, wie ich darauf verzichten kann, nach der Logik jener Funktionsweisen zu suchen, von denen die Chinesen übereinstimmend berichten und die durch den »Gelehrten« (jener für die chinesische Kultur emblematischen Figur) so selbstverständlich angewandt werden. Ich nehme die Poesie als letztes Beispiel. Die chinesische Poesie ist – mit wenigen Ausnahmen (Li He, Li Shangyin) – arm an Symbolen; diese Symbole sind streng codiert (die »weißen

---

vgl. *I Ging. Das Buch der Wandlungen*, aus dem Chinesischen übertragen und herausgegeben von Richard Wilhelm, Köln, 1982, S. 244 ff.

* Ich nehme hier frühere Untersuchungen wieder auf und ordne sie einander zu. Bzgl. des ›kennzeichnenden Ausdrucks‹ in den Gesprächen des Konfuzius s. *Le Détour et l'Accès*, Kap. IX. Zur Konzeption der Kennzeichen eines moralischen Bewusstseins bei Mencius s. *Fonder la Morale*, Kap. IV. Bzgl. der Freilegung von ›kennzeichnenden Tendenzen‹ in den Hexagrammen s. *Figures de l'immanence*, Kap. VIII, § 2. Und schließlich zur Strategie der Freilegung s. *Traité de l'efficacité*, Kap. V, §§ 2 bis 3. [Von diesen Werken Julliens sind bislang nur das erste und das letzte auf deutsch erschienen: Umweg und Zugang. *Strategien des Sinns in China und Griechenland*, aus dem Französischen von Markus Sedlaczek, Wien, 2000; und: *Über die Wirksamkeit*, aus dem Französischen von Gabriele Ricke und Ronald Voullié, Berlin, 1999.]

Wolken«, der »helle Mond«), sie dienen als Stereotypen, deren formelhafte Bedeutung jedes Mal reaktiviert werden muss. Um dagegen das Gefühl der »Hilflosigkeit« zu evozieren – das ist ein klassisches Thema – wählt der Dichter bestimmte Kennzeichen: der Gürtel hängt herunter (man hat nicht mehr die Kraft zu essen ...), der Weg ist von Unkraut überwuchert (so selten werden die Besucher ...). Nichts benennt die Traurigkeit, aber alles deutet auf sie hin. Es handelt sich um einen »Seelenzustand«, den kein Wort erfasst und den man nicht endgültig beschreiben kann. Aber das kleinste Detail genügt, für sich allein, ihn erkennen zu lassen; und das mittelbar eindringende Gefühl lässt dieses Winzige unendlich werden.

XIII. Die Sonne überragt, das Gewölbe bedeckt und der Untergrund lässt gedeihen: Die ganze Ordnung des Universums ist in die Gestalt eines Nackten eingeschrieben – sie ist die Gestalt selbst, das Wiederaufschäumen der Wellen: Das Universum schöpft aus ihr Atem. Aber befreit man sie einmal aus dem Netz der Assoziationen, in das die Vorstellungskraft sie unaufhörlich hüllt – und gelangt man hinter die symbolische Seite, in deren Falten diese verwahrt sind –, so verliert die Gestalt des Nackten ihre Selbstverständlichkeit und deutet auf weitere Grenzziehungen hin. Der ganze gespannte Körper verdeckt das Unsichtbare, als wäre er für sich allein das einzig sichtbare Antlitz einer anderen Welt. Von einer ganzen Zivilisation in Statuen gehauen, lässt das Nackte in seinem Unterbau andere Spaltungen aufscheinen. Sein Antlitz deutet insbesondere auf das Interesse hin, das die griechische und später europäische Kultur für die Modellform entwickelt hat, ganz gleich ob diese aus Nachahmung oder Idealisierung hervorgeht – das Nackte oszillierte in der Geschichte stets zwischen diesen Polen –, ganz gleich ob ihr eine anatomische Sektion oder ein mathematisches Kalkül zugrunde liegt. Alle Macht ist somit der abstrakten Form zugewiesen – abstrakt in den zwei Bedeutungen des Wortes: abstrakt als Modell, das eine Pose einnimmt, und abstrakt als Wesenheit, wobei das eine dem anderen dient und beide im Archetypus zusammentreffen. Unsere »Theorie«, das bestätigt sich in jeder Hinsicht, hat nie aufgehört, *Modelle zu formen*, worin sich im Okzident vor allem die Wissenschaft ausgezeichnet hat. Selbst das politische Denken entwirft den Plan der idealen Stadt nach dem Vorbild des Künstlers, der das kanonische Nackte zeichnet – Platon vergleicht, wie wir gesehen haben, das eine mit dem anderen. Denn der Hintergrund ist derselbe: die mögliche Mathematisierung der Wirklichkeit. Das gilt für Kleisthenes, der die griechische Polis auf numerische Ordnungen gründet, ebenso wie für die Berechnung der Proportionen des nackten Körpers.

Das Nackte erhebt sich an dem Punkt, an dem sich zwei Anforderungen kreuzen, die auf zwei sich ergänzende Logiken verweisen: die Logik die Enthüllung (das Bild als Offenbarung) wird kombiniert mit der Logik der Modellform (um das ideale Bild zu erzielen). Der Kombination beider verdankt das Nackte seinen Aufstieg. Doch die chinesische Zivilisation misstraut der offenbarenden Kraft des Bildes und hält es gewöhnlich in den Grenzen der »Annäherung per Analogie« (*bi yu*). Ebenso ist ihr eine religiöse Offenbarung unbekannt geblieben. Sie zieht es vor, Kennzeichen zu untersuchen, wie bestimmte Risse in Knochen oder in Rückenpanzern von ins Feuer gelegten Schildkröten, deren angedeutete Strichführung dazu dient,

> **DAS BUCH VON DER MALEREI**
>
> *349. Vom Manne, der etwas mit großer Gewalt von sich schleudern (oder abschießen) will*
> Ein Mann, der einen Speer oder Stein oder sonst etwas mit heftiger Bewegung fortschleudern soll, kann auf zweierlei Hauptweisen dargestellt werden. Entweder du gibst seiner Figur die Stellung, in der er sich zur Hervorbringung der Schleuderbewegung erst anschickt, oder die, welche er einnimmt, wenn seine eigene Bewegung zu Ende ist. — Stellst du ihn aber bei der Hervorbringung der Bewegung vor, so wird die innere Seite des (gestreckten) Fußes in einer Linie mit der Brust sein.

mögliche Gestaltveränderungen aufzuspüren. Das chinesische Denken scheint mir weniger Modelle als Schemata zu erstellen, es ist *schematisierend*, denn seine ganze Aufmerksamkeit ist dem einen bedeutungsvollen Strich gewidmet, während es sich dagegen verwahrt, eine abstrakte Welt der Formen und Wesenheiten zu errichten. Die Darstellungen im *Buch der Wandlungen* (*I Ging*) sind der Prototyp dieser Schematisierungen.* Jenseits der hexagrammatischen Zeichenbilder,

---

* Die Schematisierung funktioniert von zwei Strichtypen ausgehend, den geteilten und den ungeteilten Linien: »—« und »- -«, welche die gegensätzlichen und sich zugleich ergänzenden Momente des *yin* und des *yang* darstellen. Durch Kombination entsteht daraus eine Reihe von Zeichen zu drei oder sechs Strichen, wobei einige als Gerüst des Ganzen dienen, wie die Hexagramme 1 und 2: »der Himmel« – »die Erde«; 11 und 12: der Aufstieg (»der Friede«) – der Niedergang (»die Stockung«) usw. Andere sind dagegen eher anekdotisch, wie die Hexagramme 9: »des Kleinen Zähmungskraft«; oder 21: »das Durchbeißen« usw. Dies reicht aus, um vom Einfachsten zum Bestimmtesten und bis zum Rebus des »Konkreten« die bipolare Struktur der im Prozess befindlichen Wirklichkeit zu schematisieren. Die fortlaufenden Kombinationen lassen in den Hexagrammen, durch die Wandelbarkeit der zusammengesetzten Linien, die »Bewegungstendenz« aufscheinen, die einer bestimmten Situation eigen ist. [Vgl. *Das Buch der Wandlungen*, a.a.O., S. 11-17 sowie S. 260-266.]

Das Buch von der Malerei

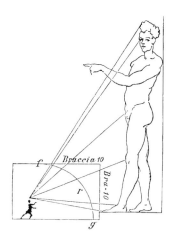

469. Zum Anfertigen einer Figur, die sich auf einem (Wand-) Raum von zwanzig Ellen vierzig Ellen hoch zeigen, dem entsprechende Gliedmaßen haben und aufrecht auf den Füßen stehen soll

470. Auf einer Mauer von zwölf Ellen Höhe eine Figur zu malen, daß dieselbe scheinbar die Höhe von vierundzwanzig Ellen hat

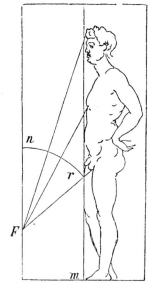
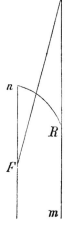

Willst du eine Figur oder sonst einen Gegenstand malen, daß es aussieht, als hätte er die Höhe von vierundzwanzig Ellen, so machst du dies in folgender Form. Du bemalst zuerst das (gerade) Wandstück mr mit der Hälfte des Mannes, den du machen willst. Darauf machst du die andere Hälfte in das Gewölbe rn. Bevor du aber das beabsichtigte Stück Figur in das erwähnte obere Gewölbe machst, zeichnest du dir zuerst auf dem ebenen Plan eines Saalbodens die Wand, auf die du zu malen hast, welche die chinesische Schrift wohlweißlich geerbt hat, ist diese jedoch auch, in ihrer ideographischen Strichführung, aus typischen Schematisierungen hervorgegangen, welche durch die Entscheidung des Schreibers und den Gebrauch standardisiert wurden: Dass die Sonne 日 schon durch die Vegetation hindurchscheint, während der Mond noch am Himmel ist, bedeutet »die Morgenröte« 朝 (in der alten Schreibweise 𦣞); dass sie sich über den Horizont, oder genauer: über den See erhebt (und in diesem gespiegelt wird), bedeutet »der Morgen« 且 (in der alten Schreibweise 旦); wenn sie niedergehend noch zwischen den Zweigen hindurchscheint, bedeutet dies »der Abend« 莫 (in der alten Schreibweise 茻); mit dem Mond verbunden, bedeutet sie »hell«, »leuchtend« 明. Oder ein »Baum« 木 wird bei Verdoppelung des Zeichens zu einer »Baumgruppe« 林 und bei einer Verdreifachung zu einem »Wald« 森 steht dem Baum das Zeichen für den »Menschen« voran 人 (in der alten Schreibweise 𠆢) – also wenn ein Mensch sich an einen Baum lehnt – so bedeutet das »sich ausruhen« 休 (in der alten Schreibweise 伏); erscheint oben die Hand (welche die Frucht nimmt 采, in der alten Schreibweise 𠂇), bedeutet es »pflücken« usw.

Das Erstaunliche an der chinesischen Sprache ist im Übrigen nicht so sehr ihre ideographische Natur an sich – eine Sprache kann schließlich nur entweder ideographisch oder phonetisch sein –, sondern eher die Tatsache, dass sie – als einzige – eine solche geblieben ist, und zwar trotz der Anforderungen der »Modernisierung« sowie des politischen Drucks, der z. B. zur Zeit des Maoismus auf sie ausgeübt wurde. Doch kommen wir ein letztes Mal auf die technischen Tafeln des *Senfkorngartens* zurück, die von der Darstellung der menschlichen Gestalt

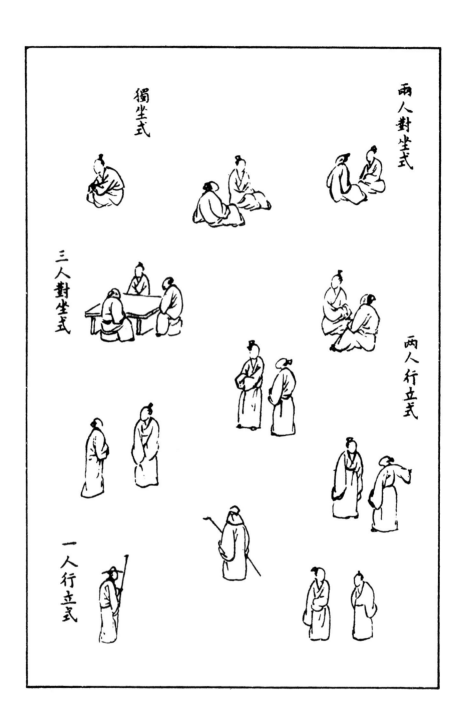

handeln. Man wird ohne Mühe erkennen, dass sie auf dem gleichen Prinzip beruhen. Denn es gibt dort kein Kalkül darüber, wie die Form des Körpers in Abhängigkeit von der Beanspruchung seiner Muskeln oder aufgrund der Analyse aller zusammenwirkenden Kräfte aussehen *muss*. Auch gibt es keine Winkelberechnungen, die eine exakte Wiedergabe der Perspektive erlaubten; diese sind die Grundlage jener Modellform des Nackten, wie sie Leonardo in seinem *Buch von der Malerei* lehrte (s. Abb. S. 86, 87, 163, 164). Auf den chinesischen Tafeln wird, Ideogrammen gleich, nur die »Haltung« und die »Intentionalität« schematisiert (*du* und *yi*): je nachdem, ob die Person allein ist, in sich gekehrt und meditierend, ob sie sich der anderen zuwendet oder, der anderen zugewandt, plötzlich anderswohin schaut (s. Abb. S. 166). Dabei wurden jedoch die Augen selbst nie dargestellt. Wohin der Blick gerichtet ist oder was er ausdrückt, wird nicht gezeigt. Die Richtung des Kopfes und die Bewegung der Ärmel genügen. Entweder entscheidet sich der Maler dafür, die Augen, durch die alles hindurchgeht, diskret als Kennzeichen zu setzen, oder aber er verzichtet auf das Detail, dann ist seine Darstellung allgemein und schematisch. Denn die wiedergegebene Bewegung ist nicht die der physischen, analytisch zerlegten Kraft, sondern die der inneren Spannung, die durch die »Kursivstriche« erfasst wird: dessen, was sich in ihnen und zwischen ihnen ereignet. Die Intentionalität der Personen wird »von weitem« erfasst und ihre Entwicklungsmöglichkeit bleibt erhalten. Es handelt sich um Silhouetten, welche die unendliche Wandelbarkeit der Lebensintensität vermitteln – und keine geometrischen Figuren.

XIV. Wenn man die Texte der chinesischen Kommentatoren liest, die einer nach dem anderen, die ganze »Tradition« entlang, mit so viel Eifer immer wieder auf die gleichen Punkte zurückkommen, und wenn man sieht, wie genau ihre die Kunst der Darstellung betreffenden Ratschläge mit den theoretischen Prämissen dieser Kultur übereinstimmen: insbesondere die Untrennbarkeit der regulierenden *Kohärenz* von der durch Verdichtung das Konkrete formenden *Energie* (*li* und *qi*); oder anders herum: der kontinuierliche Übergang vom Greifbaren über die Stadien des »Zarten«, »Feinen«, »Subtilen« zur Sphäre des Geistes – so vergisst man fast, sich darüber zu wundern. Zum Glück reißt uns das Nackte aus der drohenden Lethargie. Es durchbricht vehement den Prozess der Assimilierung (»Sinisierung«), zu dem uns eine solche Übereinkunft unmerklich führen würde. Denn in all diesen kritischen Texten, einschließlich derjenigen, die von der Kunst der menschlichen Darstellung handeln, ist fast nie von der »Schönheit« die Rede. Von der Schönheit, deren Ideal das Nackte darstellt.

In diesem Punkt ist der Vergleich einfach zu ziehen, und der Gegensatz kommt deutlich heraus. In der chinesischen Tradition hat man den schlechten Malern vorgeworfen, die Ähnlichkeit der Form der Übertragung des »Geistes« vorgezogen zu haben. Denn die Form ist nur von Bedeutung, insofern sie als Spur, Kennzeichen oder »Durchgang des Geistes« dient. In Griechenland hat man Demetrius dafür kritisiert, dass er die Ähnlichkeit und die Treue zur Natur der »Schönheit« vorgezogen habe.

Denn was sagen die chinesischen Kommentatoren, wenn sie ihrer Bewunderung für ein Landschaftsgemälde Ausdruck verleihen wollen? »Die Gipfel in den Wolken und die Ansicht der Felsen: Ohne einen Hinweis (auf die Vorgehensweise) zu hinterlassen, ist die Anlage natürlich; ein Denken des Pinsels, das sich spontan in alle Richtungen entfaltet: Hier ist etwas, das an der fortlaufenden Erschaffung und Veränderung teilhat ...« (Mi Fu, der Zhang Yanyuan zitiert; L. B., S. 457). Sie sprechen von der Qualität der Bewegung, welche die Frucht der freien Ausführung ist und die Arbeit des Pinsels transzendiert; sie preisen die Fähigkeit, auf einer Ebene mit den natürlichen Schöpfungsprozessen zu stehen. Aber sie unterlassen es, den Wert der Natur zu konkretisieren und ihn unter die Schablone der Schönheit zu subsumieren (also zu reduzieren?). Die Schablone ist das Prinzip der Einheitlichkeit. Ich würde meinen Verdacht jedoch gerne auf die folgende Frage zuspitzen: Erleiden wir durch das »Schöne« einen Verlust? Stellen wir uns eine Sinneslust vor, die sich vertieft, sich aber keiner begrifflichen Zentrierung zuweisen lässt, die man nicht festhalten, konstruieren, begrenzen, zusammenfügen oder homogenisieren kann – anders gesagt, eine Sinneslust, die sich je nach der Richtung des im Zickzack laufenden Kritikers eine Wandlungsmöglichkeit bewahrt. Mehr noch: Der kritische Blick taucht hier in den kreativen Prozess ein, aus dem das Werk hervorgebracht wird, und entfaltet sich, ohne an dem rein perzeptiven Geschmacksurteil festzuhalten, auf dem die Ästhetik beruht. Der Begriff der »Ästhetik« ist wohl am Ende des 19. Jahrhunderts aus dem Westen importiert worden. Ins Chinesische und Japanische wurde er – und das ist für die Übertragungsweise bezeichnend – mit »Studium des Schönen« (*meixue*, *bigaku*) übersetzt.

Und was sagen die chinesischen Kommentatoren zur Darstellung von Personen? Sie preisen den »Glanz« und die sinnliche »Ausstrahlung«, welche durch die Form des Körpers die Dimension des »Geistes« (im Begriff des *shencai*) hindurchscheinen lässt, denn hier, durch die Art der Ausdrucksstärke, wird der Person ihre »Lebenskraft« und der Darstellung ihre Fähigkeit zur »Berührung« zugeschrieben. (Vgl. Mi Fu, bei dem wir diese Vorstellung am weitesten entwickelt sehen; L. B., S. 456 f.) Die Kunst der Darstellung von Frauen funktioniert nach dem gleichen Prinzip, wie ein anderer Kommentator bezeugt (Guo Ruoxu, L. B., S. 451): »Wenn man in Betracht zieht, wie die berühmten Meister des Altertums, inmitten der ›Goldjungen und Jademädchen‹ sowie der unsterblichen Gottheiten und Sternbilder, die Frauen dargestellt haben, so sieht man, dass der übertragene Geist, trotz der Strenge ihres Ausdrucks, in jedem Fall altertümlich rein ist«; »sie sehen auf natürliche Weise beeindruckend und würdevoll aus, so dass der Betrachter ehrfürchtig und sein Geist nachgiebig wird«. Es ist symptomatisch, dass die englischen und französischen Übersetzer (A. Soper, Y. Escande) die Passage folgendermaßen wiedergegeben haben: »Sie sind auf natürliche Weise von erhabener und würdevoller Schönheit.« (Sowie schon vorher bei Susan Bush: »*inevitably have a spirit of antique beauty*«.) Sie okzidentalisieren diese Redeweise, indem sie die Schönheit hinzufügen, denn der chinesische Text spricht nur vom »Geist« und vom sinnlichen »Aspekt« (*se*, ein Ausdruck von weit gefächerter Bedeutung: Farbe – Teint – Erscheinung – Reiz – Begehren – Aussehen usw.). Wir fügen die Schönheit hinzu, als wäre dieser Begriff der Pol, um den jedes Urteil über die Kunst notwendig kreisen müsste (oder der Richtpunkt, der es stets – und wenn nicht explizit, dann stillschweigend – fixierte).

Doch es ist der »Geist«, der hier wichtig ist, und nicht die Schönheit. Das findet man in der Kritik, die in der Folge an die Zeitgenossen gerichtet wird, bestätigt: »Diese messen nur dem reizenden, hübschen Aussehen einen Wert bei, aber sie erreichen weder das Prinzip noch die Bedeutung der Malerei.«

Man könnte in dieser Kritik die Spur eines moralischen Urteils erkennen. Es ist wahr, dass die chinesische Kunst der Personendarstellung von ihren Ursprüngen an einen belehrenden Charakter beibehalten hat. Es kann auch vorkommen, dass man sich, vor allem seit der Ming-Zeit (zugleich mit der Entwicklung populärer Gattungen wie Roman und Oper?), für die »Schönheit« (*mei*) der Frauen interessiert, die der Maler darstellt (vgl. L. B., S. 463). Schon der Maler Zhou Fang aus der Tang-Zeit sagt, dass die »schönen« Frauen »wohlbeleibt« sind, was einem Merkmal der Epoche entspricht (L. B., S. 479). Jedenfalls sieht man auch bei solchen Malern gut, dass das, was bei ihnen »am besten gelungen« ist, weder von der »Schminke« noch vom »Schmuck« abhängt (L. B., S. 479). Statt dessen (wie über die Gemälde von Zhou Wenju gesagt wird) »ist die Jadeflöte in den Gürtel gesteckt, und der Blick, der in einer konzentrierten intentionalen Verfassung auf die Fingernägel gerichtet ist, drückt eine Erwartung aus; es wird deutlich, dass die Frauen an etwas denken« …

XV. Ein Freund, der kein Sinologe ist, erzählte mir von seiner Enttäuschung, als er im *Buch der Wandlungen*, das im Spiel der Zeichen doch alle Entwicklungswege der Dinge enthalten sollte, den Begriff las, welcher dem der Schönheit am nächsten kommt (Nr. 22, *Bi*). In der Tat lernt man dort nichts über das Wesen der Schönheit. Und handelt es sich im Übrigen wirklich um die »Schönheit«? Doch eher um die Kraft der Darstellung und der Ausschmückung durch ›Überkreuzung‹ der Striche (*wen*) und nicht um eine Form im eigentlichen Sinne (trotz der einmal mehr okzidentalisierten Übersetzung von Wilhelm).[1] Und woher kommt eine solche Kraft, wenn nicht durch die Weise, wie ein Faktor den anderen kreuzt, um ihn ins Gleichgewicht zu bringen? Das *Weiche* (*yin*) im zweiten Strich »schmückt« das *Harte* (*yang*), das an der ersten Stelle des Zeichens steht, und das *Harte* (*yang*) im sechsten Strich »schmückt« das *Weiche* (*yin*) im fünften ... Hier wird die Idee der *regulierenden Harmonie* in das Prinzip der Zeichenbilder überführt – ganz gleich, ob es sich nun um das Zeichenbild des Himmels oder der Zivilisation handelt. Der Standpunkt bleibt derjenige einer prozessualen Entwicklung. Und er beruht nicht auf einer synthetischen Wahrnehmung: In einem solchen sich wandelnden, dem Werden unterworfenen Zeichen erscheint eine eigentlich »ästhetische« – immobilisierende und die Fixierung der Form ermöglichende – Ebene nicht.

Man findet dies in der Gartenkunst bestätigt. Ein französischer Garten wird für schön gehalten, weil man ihn, wenn man vor ihm steht, als ein Gemälde betrachtet, wie ein Panorama. Aber ein chinesischer Garten kann nicht »schön« genannt werden (es sei denn, äußerstenfalls, nachdem man ihn verlassen hat und ihn im Geiste wieder zusammenfügt), denn eine synthetische Wahrnehmung ist nicht möglich; er lässt sich erst im Spaziergang nach und nach entdecken, im Verlauf eines Weges, auf dem sich kontrastierende und kompensierende Standpunkte abwechseln. Der Garten erfordert keine Ansicht,

---

[1] Richard Wilhelm übersetzt das Zeichen Nr. 22 (*Bi*) mit »die Anmut«, vgl. *Das Buch der Wandlungen*, a.a.O., S. 98.

sondern eine *Bewegung*, die den Geist erfrischt (vgl. einen der zentralen Ausdrücke der *Gespräche*: »sich in den Künsten bewegen«, *you yu yi*).[2]

Damit sich die ästhetische Synthese vollziehen kann, ist ein Stillstand erforderlich; nur wenn die Zeit – vor dem Hintergrund der Ewigkeit – außer Kraft gesetzt ist, lässt sich die Schönheit entdecken. »Ein Traum aus Stein«, sagte Baudelaire. Stillstand des Dings, das sich als Objekt konstituiert, und Stillstand des Blicks, der sich in die Betrachtung versenkt. Vor dem Schönen *hält man an*. Dem Stillstand verdankt die Schönheit ihren Status der Wesenheit, aber auch ihre Unverträglichkeit mit der chinesischen Auffassung von Bewegung (von der z.B. auch die Malrollen, im Gegensatz zur Leinwand, zeugen). So empfänglich Konfuzius für die musikalische Erregung und die verführende Kraft der Poesie auch war, er fragt nicht nach der Schönheit. Und auch wenn wir die anderen großen Texte des chinesischen Denkens lesen, so kommen wir in dieser Hinsicht doch nicht weiter.* Durch ihr Schweigen verweisen sie uns

---

[2] »*You*« hat die Bedeutungen von Müßiggang, Erholung, Reise. R. Wilhelm übersetzt »*you yu yi*« mit »mache dich mir den Künsten vertraut«, R. Moritz schreibt: »erfreue dich an den Künsten«. Vgl. Konfuzius: *Gespräche*, a.a.O., S. 69.

* Bei Mencius ist das Schöne (*mei*) entweder auf den visuellen Eindruck begrenzt, der sich auf das Auge bezieht wie die Würze auf den Geschmack, und zwar ohne den Gegenstand eines Urteils abzugeben (VI, A, 7). Oder das Schöne ist nur eine Zwischenstufe in der Erhebung zur Weisheit, auf dem Weg von der »Liebenswürdigkeit« bis zur »Größe«, und bezeichnet in diesem Fall eher den inneren Überfluss als eine äußere Begebenheit (VII, B, 25). Und im taoistischen Denken, von dem man weiß, wie sehr es das chinesische Kunstempfinden beeinflusst hat, ist das Schöne kaum noch von Belang, denn es droht stets, auf die Seite der Ausschmückung zu geraten und somit die von der Weisheit gepriesene Rückkehr zum Einfachen und »Ungeschliffenen« unmöglich zu machen. [Für die genannten Stellen bei Mencius vgl. Mong Dsï: *Die Lehrgespräche des Meisters Meng K'o*, a.a.O, S. 164 und 203.]

jedoch umso beharrlicher auf eine außergewöhnliche, nicht so schnell zu beantwortende Frage: Warum war es für uns notwendig, eine Identität des Schönen zu denken? Und in der Folge: Ist die Legitimität des Nackten nicht auf ihr begründet und ist das Nackte nicht par excellence dasjenige, mit dem sich diese Identität ausloten lässt?

Denn selbst wenn man einwenden kann, dass das Schöne im griechischen Denken – und sogar bei Plotin – dem Guten untergeordnet ist, dass die Griechen das Schöne nicht allein gedacht, sondern auf dem Sockel von Metaphysik und Moral gestellt sowie in deren Abhängigkeit verankert haben, so muss man trotzdem sagen, dass die Philosophie diesen Begriff ausgewählt hat, um aus ihm den Gegenstand einer möglichen Frage zu machen, einer Frage, die nicht unbedingt eine Antwort ermöglicht, aber doch als eine solche bestehen kann: »Was ist das Schöne«, »an sich«, in seinem Wesen (*auto to kalon*)? Platon schreibt (im *Hippias I*): »Er fragt dich ja nicht, was schön ist, sondern was das Schöne ist«[3], das heißt, was die schönen Dinge schön macht und somit von diesen abstrahiert werden kann. Die Antwort ist dabei nicht so wichtig; die erste, die erfolgt, lautet: »Eine schöne Jungfrau ist schön«. Aber »schön ist auch eine Stute, eine Leier oder eine Kanne« ... Und »wenn jemand nun die Mädchen im Allgemeinen mit den Göttinnen verglich [...], wird nicht das schönste Mädchen häßlich erscheinen?« ... Selbst das Ausbleiben der Antwort ist nicht von Bedeutung, wenn wir am Ende feststellen, dass sich das Schöne einer Definition entzieht. Was zählt, ist, die Frage formuliert zu haben, denn dadurch zielen wir darauf ab, einen

---

[3] Für dieses und die folgenden Zitate vgl. Platon: *Hippias I* (*Das größere Gespräch dieses Namens*), in: *Sämtliche Werke*, a.a.O., Band 1, S. 514 ff.

Begriff des Schönen freizulegen bzw. schließen zumindest stillschweigend ein, dass man so etwas wie »*das* Schöne« sagen kann. Denn die Unmöglichkeit der Antwort hat sich hier nicht gegen die Frage gerichtet, um diese zu für ungültig zu erklären, sie hat sie im Gegenteil sakralisiert und als ewige Frage bestätigt – sie setzt sie als Rätsel ein, indem sie das Schöne zum Ideal erhebt und die Kunst genauso wie das Denken in Spannung hält. Wir bleiben als Erben der Griechen »mit dem Blick auf das Schöne fixiert«, wie Plotin sagte. Und aus dieser offen gebliebenen Frage ist das Nackte geboren: Wenn wir nie aufgehört haben, ihm anzuhängen und es auf den Sockel zu stellen, so haben wir auch nie aufgehört, im Nackten und über das Nackte, durch fortwährende Studien und Untersuchungen seiner Veränderungsmöglichkeiten, die Antwort auf eine Frage zu finden, die wir, nachdem sie einmal gestellt worden ist, nicht mehr losgeworden sind. Das Nackte hat diese *abstrakte* Suche der Schönheit in sich konzentriert und konkretisiert.

Denn wonach fragt die Philosophie? In den Worten des *Hippias* geht es darum, »ein solches Schönes« zu denken, »was niemals irgendwo irgend jemandem häßlich erscheinen kann«, das »immer für jeden und überall das schönste ist«.[4] Wenn das Nackte, wie es jeder Künstler schon seit jeher von ihm erwartet, am ehesten imstande ist, das Wesen des Schönen zu verkörpern, so deshalb, weil dem Nackten allein eine gleichzeitig verfeinernde und verabsolutierende Wirkungsweise zu eigen ist, die zum Kanonischen führt. Einen Kanon gibt es nur vom Nackten. Ebenso legitimiert die zur Wiedergabe des Nackten notwendige Pose in ihrem Prinzip die Unbewegtheit,

---

4 Ebd, S. 520.

die eine beispielhafte, analytisch-synthetische Wahrnehmung erfordert. Zeuxis ist nicht nur der Maler, von dem man berichtet, dass er die Weintrauben so gut malte, dass die Vögel von ihnen getäuscht wurden und sie von seinem Gemälde picken wollten. Jene andere (vor allem seit der Renaissance) ständig wiederholte Erzählung ist hinsichtlich unserer Fragestellung noch aufschlussreicher, denn sie stellt auf plastische Weise das genaue Gegenstück zu der theoretischen Untersuchung dar, die wir in den sokratischen Dialogen durchgeführt sehen: Für sein Bild der Helena rief Zeuxis, Plinius dem Älteren zufolge, die fünf schönsten Jungfrauen der Stadt Kroton zu sich und ließ sie nackt posieren, um von jeder einzelnen den jeweils schönsten Aspekt herauszunehmen. (Ein hässliches neoklassizistisches Bild von dieser Szene kann man im Louvre sehen: Vor dem an seinen Entwürfen arbeitenden Maler posiert ein Mädchen in einem transparenten Kleid und ein anderes, davor stehendes Mädchen senkt schamvoll den Blick ...) Weil sich allein das Nackte für eine solche abstrahierende und modellbildende Vorgehensweise eignet, ist es dazu bestimmt worden, als privilegiertes Versuchsfeld für den *Begriff* des Schönen zu dienen. Darauf beruht seine elementare Bedeutung für die Kunstschulen und Akademien.

XVI. Kant hat an zentraler Stelle in seiner *Kritik der Urteilskraft* begründet, dass es ein *Ideal der Schönheit* nur von der menschlichen Gestalt gibt. Er geht dabei von einem ähnlichen Gegensatz aus wie der chinesische Kritiker, der zunächst zwischen den Dingen, die eine konstante Form haben, und solchen, die keine konstante Form haben, unterscheidet. Auf der einen Seite steht die freie Schönheit, die

»vage Schönheit«, für die es keinen Begriff gibt, der bestimmen würde, was sie zu sein hat; so die Schönheit einer Blume oder des Ornaments eines Frieses. Auf der anderen Seite steht die Schönheit eines Menschen oder eines Gebäudes, welche einen Begriff vom Zweck voraussetzt, der bestimmt, was ein Mensch oder ein Gebäude sein sollen, das heißt, inwiefern sie vollkommen sind. (Die Schönheit ist in diesem Fall nicht mehr »frei«, sondern bloß »anhängend«.)[1] Woraufhin wir durch sukzessive Ausschlüsse verfahren. Zunächst kann es kein Ideal von der »vagen« Schönheit geben, denn die unbestimmte Idee der Vernunft von einem *Maximum*, die der Einbildungskraft erlaubt, sich ein Ideal vorzustellen, erfordert die Fixierung eines Begriffs der objektiven Zweckmäßigkeit, welcher das Geschmacksurteil intellektualisiert. Das Ideal einer schönen Blume, eines schönen Baums oder gar eines schönen Gartens ist nicht vorstellbar, denn es gibt keinen Begriff *von irgendeinem Zweck*, dem diese Dinge dienen sollen. Also kann es das Ideal nur von einer »anhängenden« Schönheit geben, die durch einen Begriff bestimmt wird, der ihr einen normativen Charakter zuweist. Doch auch in dieser zweiten Kategorie kann nur der Mensch Gegenstand eines Ideals der Schönheit sein, weil allein er »den Zweck seiner Existenz in sich selbst hat« und somit als einziger »sich durch die Vernunft seine Zwecke selbst bestimmen« kann.

Von dort ausgehend ist vor allem die Weise aufschlussreich, in der Kant die zwei Modalitäten der Idee darlegt und deren jeweilige Normativität zusammenführt – die eine der Vernunft

---

[1] Für dieses und die folgenden Zitate vgl. Immanuel Kant: *Kritik der Urteilskraft* (§§ 16 f.), *Werkausgabe*, Band 10, herausgegeben von Wilhelm Weischedel, Frankfurt, 1974, S. 146 f. und 150 ff.

und die andere der Einbildungskraft zugehörig –, um das Ideal zu begründen. Auf der einen Seite stellt die »Normalidee« die kanonische Regel dar, welche die Einbildungskraft auf dynamische Weise hervorbringt, wie ein Archetypus der betreffenden Gattung, den kein einzelnes Individuum vollständig verwirklichen kann. Diese Normalidee oder dieses typische Bild ist nicht die Schönheit, sondern die Bedingung, der die Schönheit folgen muss, um den Mangel und das Übermaß zu vermeiden. Auf der anderen Seite bestimmt die »Vernunftidee« die Zwecke der Menschheit – die Vernunft ist als das Vermögen der Zwecke zu denken – und weist der Vorstellungskraft ihre übersinnliche Dimension zu, welche diejenige der Ethik ist. (Die Vernunft ist das Vermögen, über das Sinnliche hinauszugehen.) Durch die Verbindung der beiden Modalitäten und dank der Koordination der mit einbegriffenen Vermögen ist der Mensch dazu imstande, in seiner eigenen Gestalt jene Ideen auszudrücken, deren vollständige Verwirklichung man in der Praxis nicht erreichen kann – wie die Güte, die Reinheit, die Kraft oder die Seelenruhe ... –, und so vereint sich das Schöne mit dem Guten.

Diese Analysen, die ich hier etwas verkürzt wiedergebe, sind im Auge zu behalten, weil sie zugleich einen Zweifel bezüglich der Natur jener Form (*Gestalt**) aufwerfen, welche als einzig mögliches Ideal der Schönheit ausgewiesen ist. Denn soweit ich sehe, wird nirgendwo genau entschieden (und auch die Kommentatoren stellen die Frage nicht, als wäre die Unterscheidung nicht relevant ...), ob es sich dort um eine menschliche Gestalt handelt, die in ihrer sinnlichen

---

* Im Original deutsch. [A.d.Ü.]

Gesamtheit angeschaut wird, in ihrem Fleische und ihrer Modellform, wie im Falle des Nackten, oder ob es sich um einen bekleideten Körper handelt, wie er im Portrait erscheint. Handelt es sich um die *Jungfrau mit Kinde* (das Ideal der Reinheit, der Mutterschaft oder Ähnliches verkörpernd) oder um den *Zeus vom Kap Artemision*? Wer könnte glauben machen, dass der Unterschied, einmal in den Blick genommen, zweitrangig wäre? Kant geht es in erster Linie um die Definition des Geschmacksurteils und um die (harmonische oder konfliktreiche) Beziehung der einzelnen Vermögen untereinander. Aus diesem Grund ist er nicht dazu gekommen, die Hypothese einer Autonomie des Nackten aufzustellen, und so konnte er die Einbruchskraft, die das Nackte zeigt, nicht erkennen. Kant misstraut der Ontologie. Er misstraut von vornherein allem, was den Vorhang zerreißen und das Ding selbst durch Auslieferung an die Anschauung hervorbringen könnte. Sonst hätte er vielleicht nicht so ohne weiteres an jener für die Zeit der Aufklärung absolut gewöhnlichen Unterscheidung festgehalten, der er selbst ein Jugendwerk gewidmet hat und die sich nun als eine Unterscheidung zwischen zwei Arten einer gemeinsamen Gattung im Kern seiner letzten *Kritik* befindet: die Unterscheidung zwischen dem Schönen und dem Erhabenen. Meine Hypothese ist, dass das Nackte, jenseits seiner scheinbaren Beispielhaftigkeit, beide stören würde; und dass es trotz seiner Zugehörigkeit zu den rein sinnlichen Dingen eine Rückkehr zur Ontologie erzwingt.

Denn man kann alles dazu tun, seine Einbruchsfähigkeit zu verdrängen und es unter so viel Akademismus zu verstecken, dass man es am Ende nicht mehr sieht bzw. als ein immer schon Gesehenes sieht – das Nackte ruft uns zwingend zur

Frage des »Seins« zurück. Es *reißt* die Frage geradezu *wieder auf*, es schält sie aus dem ganzen durch die Vergangenheit der Philosophie angehäuften Ballast heraus und fängt uns selbst auf unserer – spezifisch modernen? – Flucht vor jeder radikalen Erfahrung wieder ein. Und das ist es schließlich, was mich am Nackten interessiert. Denn ich denke, auf Kant zurückblickend, dass es im Gegensatz zum Nackten der unaufhörlich das Kanonische reproduzierenden Ateliers, die das »Schöne« durch Wiederholung fabrizieren, auch ein Nacktes gibt, das »erhaben« ist, erhaben nicht im Sinne eines Superlativs des Schönen oder gar einer Überschreitung des Schönen, sondern gerade im kantischen Sinn als ein Ding, das etwas von einer »ganz anderen Ordnung« aufscheinen lässt und zu dessen Offenbarung führt.

Durch das Faktum des Nackten – oder schärfer: unter der Bedrohung des Nackten (wenn der bestimmte Akt [ce nu] ein großer Akt [un grand Nu] ist) – wird die allgemein anerkannte Unterscheidung durcheinander gebracht und die Attribute des Erhabenen lösen sich plötzlich, um auf die Seite des Nackten zu schwenken. Erhaben ist das, sagt Kant, was uns eine »absolute Totalität«[2] anschauen lässt, die das Fassungsvermögen unserer Vorstellungskraft und sogar unserer Einbildungskraft übertrifft. Doch diese *absolute Totalität* ist genau jene, welche das Nackte nicht anbietet, das ist zu wenig gesagt, sondern geradezu aufzwingt: Unter dem Deckmantel des Normativen schlägt es durch das, was ich eingangs das »Alles ist da« seiner Präsenz genannt habe, geradezu ein. Vom Erhabenen besitzt das Nackte die Gewalt, jene des Wasserfalls oder des wütenden

---

[2] Ebd., S. 172.

Ozeans, und sogar eine noch viel größere, insofern es in den Grenzen des vollkommen proportionierten Körpers gehalten wird ... Wir stellen es jedes Mal fest, trotz unserer Ermüdung als Museumsbesucher vor dem immer schon Gesehenen: Indem es das »Alles ist da« seiner Präsenz hervorbringt, lässt das Nackte unser Anschauungsvermögen implodieren. Angesichts eines großen Akts wird das Auge durch das sich ihm plötzlich öffnende »Ganze« (des Nackten) überfrachtet, der entblößte Blick weiß nicht mehr, wohin er schauen soll. Zur gleichen Zeit, wie der Blick durch die Harmonie der Formen ausgefüllt wird, packt ihn dieses Ganze und überrumpelt sein Wahrnehmungsvermögen, so dass er schwankt und seine Fassung verliert – es kommt zu einem *Umsturz*. In gleicher Weise tut das Nackte dem Raum, in den es eingeschrieben sein sollte und in dem es zurückzuhalten man vorgab, Gewalt an; es tritt zu allem, was es umgibt, inkommensurabel hervor, und die sinnliche Umgebung erkennt sich selbst gegenüber seiner Offenbarung unangemessen.

Die doppelte »Ek-stase« des Nackten. Und nichts kann aus ihm einen Gemeinplatz machen (noch irgendein Mystiker einfangen): Unaufhörlich löst es sich vom Hintergrund der Formen und Dinge, seine Macht zu erstaunen lässt nicht nach. Und der von ihm angehaltene Blick wird übervoll von diesem Ganzen, das sich in ihm verfängt. Daran erkennt man einen ›großen Akt‹. Wenn wir während des Gangs von einem Museumssaal in den anderen oder beim Durchblättern der Seiten eines Bildbands plötzlich auf einen großen Akt stoßen, geschieht auf einmal etwas, das uns an die *erschütternde* Bewegung der Ohnmacht und der Anziehung erinnert, die Kant dem Erhabenen zuschrieb – das erhabene Nackte erzeugt beim Betrachter ein Erstaunen und eine Unruhe, die nicht vollständig in der Lust aufgehen, welche man im Genuss seiner Harmonie verspürt. Denn indem es plötzlich das »Alles ist da« seiner Präsenz losbrechen lässt, bewirkt es etwas im Kern des Sinnlichen – in unmittelbarer Nähe zum Allersinnlichsten –, zu dem zu gelangen man sich plötzlich nicht mehr in der Lage fühlt. Eine Rückkehr zum platonischen »Erschrecken«, zur plotinischen »Erschütterung« ... Und trotzdem offenbart uns das Nackte nicht unsere »übersinnliche« Natur, wie es Kant vom Erhabenen erwartete (um die Dualismen der Metaphysik wieder einzusetzen), im Gegenteil, es lässt uns etwas Irreführendes erfahren, das sich an der Grenze des Möglichen befindet, nämlich etwas, das *absolut* »dieses« ist (die Vollendung der Formen) und zugleich *nur* »dieses« (die Entblößung von jeglicher Bedeckung: das Nackt-Sein). Die Erfahrung ist die einer radikalen Entdeckung: Ein »Sein« verlässt plötzlich den dunklen Hintergrund, in welchem es sich (ver-)bergen sollte, es taucht schonungslos und unverhüllt an der Oberfläche auf, vollkommen, in und durch seine Form, mit sich selbst deckungsgleich. *Esse cum forma*: Die reine Form wird die Form selbst, und daher wird es plötzlich für den Blick unerreichbar. Der Blick lässt sich nicht von seiner Betrachtung vereinnahmen, er versinkt vor dem (großen) Nackten.

Die Erschaffung des Adam von Michelangelo z. B. kann man nicht auf eine »moralische Idee« wie die der Reinheit vor dem Sündenfall reduzieren, welche der vertrauliche zu Gott gerichtete Blick allerdings zum Ausdruck bringt; und das Erhabene an ihm hängt nicht allein an diesem winzigen Ort (von unendlicher Dimension) – jenem genialen Fingerzeig der *Schöpfung* – in welchem der Finger Gottes und der Finger

Adams sich trennen/vereinigen (s. Abb. S. 184). In der absoluten Vollendung des kanonischen Charakters der Darstellung wird das Kanonische selbst wieder von der Anordnung des Ganzen verdeckt; durch das Kanonische hindurch, durch die Entfaltung der Pose, zeigt sich das Nackte in seiner *E-videnz*. Und so wird das, was der Körper uns an vollendeter Schönheit darbietet, vollständig in den Hintergrund gedrängt. Ebenso wird das Anekdotische der Formen und Organe vergessen, denn sie sind von der plötzlichen Empfindung durchdrungen, dass in diesem Körper alles da ist, vollständig da – dass ihm nichts fehlt –, dass er nichts mehr zu erwarten, zu wünschen oder gar vorzustellen übrig lässt. Denn nicht allein in seinem Fleisch, sondern auch in seiner Bewegung, in seinem Blick, ist er nackt. Und indem er sich auf diese vollständig offenbarte Form begrenzt, indem er nur das ist, ist er alles. Dieses *Nur* ist hier nicht mehr einschränkend wie die Scham, die Adam befallen wird, sondern umgekehrt: das *Nur* wird in diesem Nackten das Ganze. Das erhabene Nackte schöpft – erfindet und schreit – und darauf beruht seine Erhabenheit, die völlige Übereinstimmung zwischen dem »Nur« und dem »Ganzen«.

XVII. Hegel findet mit den Seiten, die er im Abschnitt über die Skulptur der Kleidung widmet (Ästhetik, III, 2), natürlich seinen Platz in unserer Gegenüberstellung. Die beiden Wege, denen ich bis hierher abwechselnd, über Griechenland und über China, gefolgt bin, treffen sich schließlich in ihm. Hätte ich hier beginnen sollen? ...

Denn in seiner philosophischen Synthese kann Hegel beide zusammenführen: Wenn es einerseits »im allgemeinen« wahr ist, »daß von seiten der sinnlichen Schönheit allerdings dem

Nackten müsse der Vorzug gegeben werden«, so dient die Kleidung andererseits dazu, »die geistige Auffassung der Form in ihrem lebendigen Umriß herauszuheben«.[1] Hier stehen sie endlich Seite an Seite und jedes mit einem eigenen Begriff: die Schönheit (das Nackte) – das Geistige (die Kleidung); die Waage zwischen beiden ist ausgeglichen. »Das Gefühl der persönlichen Individualität« und »der Sinn für freie und schöne Formen« haben die Griechen dazu geführt, in den organischen Formen des menschlichen Körpers »die freieste und schönste« Gestalt zu suchen. Da man aber nicht leugnen kann, »daß der geistige Ausdruck an der Gestalt sich beschränkt auf das Gesicht und auf die Stellung und Bewegung des Ganzen«, weil zudem die Gebärden der Arme sowie die Stellung der Beine, »welche nach außen tätig sind«, »noch am meisten den Ausdruck einer geistigen Äußerung« haben, muss man nicht beklagen, »daß die moderne Skulptur so häufig genötigt würde, ihre Gestalten zu bekleiden«. Das Nackte erlaubt eine Variation der Form, aber die Kleidung erzeugt eine Konzentration des Geistes. Indem es die Gebärde – das Gesicht – den Blick hervorhebt und den animalischen Teil verbirgt, verweist die Kleidung auf das »höhere Innere« des Menschen. Folglich koste es auch nichts, sich »der Sittsamkeit gemäß« zu verhalten ...

Einerseits bleibt Hegel ganz auf der Linie Platons. Der Vorgehensweise des *Hippias* getreu, folgt er der Forderung der Philosophie, einen Begriff des Schönen freizulegen und in dessen Definition die Möglichkeit einer Ästhetik einzusetzen. Zugleich ist die Philosophie Hegels aber andererseits am Ende,

---

[1] Für dieses und die folgenden Zitate vgl. Georg Wilhelm Friedrich Hegel: *Vorlesungen über Ästhetik II*. Werke 14, herausgegeben von Eva Moldenhauer und Karl Markus Michel, Frankfurt, 1986, S. 401-406, passim.

jenseits der Ästhetik selbst, ganz auf die Verwirklichung einer Welt des Geistes ausgerichtet. Darum verbindet er die beiden und kann sie parallel setzen. Doch hält diese Parallele deswegen stand? Kann eine *synoptische* Sichtweise tatsächlich die eine und die andere zugleich enthalten und auf einer einzigen Ebene anordnen? Denn fallen wir nicht auf dieses angebliche Gleichgewicht herein, das so tut, als könnte es sich um zwei entgegengesetzte Kriterien handeln. Bei der Lektüre dieser Seiten der *Ästhetik* hat man vielmehr den Eindruck, dass Hegel unaufhörlich von der einen Perspektive zur anderen wechselt, um *von jeder Seite* die je eigene Kohärenz (welche die je andere nicht erreicht) zu bewahren. Das führt ihn sogar dazu, sich im Wechsel der Perspektiven selbst zu verbessern. Die Griechen, sagt er, haben das »Leibliche« als eine menschliche Eigenschaft dargestellt, die »vom Geist durchdrungen ist«; aber, so erkennt er wenig später an, »im Sinne der Schönheit« sind alle Körperteile außer dem Kopf und den nach außen tätigen Organe »für den Ausdruck des Geistigen gleichgültig« …

Hegel vergleicht nicht, er pendelt unaufhörlich zwischen den Seiten hin und her, denn es gelingt ihm nicht, den gegenseitigen Ausschluss aufzuheben. Indem er vergleichen will, kann er sie nicht in den gleichen Rahmen einfügen, denn er ist – und bleibt – der trennenden Kraft unterworfen. Wenn wir zuvor Kant dafür kritisiert haben, dass er das Nackte und die Kleidung in der »menschlichen Gestalt« ununterschieden gelassen hatte, so sehe ich hier, dass die Heterogenität der Perspektiven einer Parallelsetzung widersteht: Hegel gelingt es nicht, den Unterschied *einzuebnen*. So werden wir ein letztes Mal zu der Frage zurückgeführt: Was ändert sich also so plötzlich und grundsätzlich im Übergang von der Kleidung zum Nackten und unter dem Deckmantel einer menschlichen Identität – ist es nicht immer der »Mensch«, den man darstellt? –, so dass der Vergleich am Ende scheitert? Fragen wir uns noch einmal im Lichte dieses Scheiterns, woher die Unvereinbarkeit der Perspektiven kommt, die das Urteil ins Wanken bringt, und die, wie oben gezeigt, ein Umweg über China zum Vorschein gebracht hat.

Wenn man einen bekleideten Menschen darstellt, so sucht man das menschliche Wesen *als Person*, in seiner *Individualität* erfasst, wiederzugeben. Aber wenn man einen nackten Körper zur Darstellung bringt, so will man sich ein Wesen als solches aneignen. Oder vielmehr ist es das Nackte, das – ob man will oder nicht – *das Wesen erzeugt*. Das Wesen der Schönheit (die Venus) oder der Wahrheit (z.B. bei Botticelli, Bernini) oder gar der Tugend (Antonio Allegri). Die Suche nach dem Wesen kann sehr verschieden sein, die Wege sind stets neu zu entdecken: Der *David* des Donatello gilt in den Kreisen der Neuplatoniker um Cosimo den Älteren in Careggi als ein liebliches Bildnis des Eros. Dagegen stellt Michelangelo seinen *David* nackt und riesenhaft dar, um ihn als Bild des Schöpfers zu zeigen. Es bleibt jedoch in jedem Fall, dass durch den sinnlichen Körper des einen bzw. die mächtige Muskulatur des anderen eine Idealität hindurchscheint – die Variation der Form ist eine eidetische Variation. Selbst ein »junger Mann«, wenn er »nackt« ist, erfährt diese Abstraktion. Das Individuum verschwindet, es gibt kein nacktes Portrait – es kann es auch nicht geben. An der Grenze des Körperlichen und selbst in der Intimität des Fleischlichen erreicht man stets eine Allgemeinheit; oder umgekehrt gesagt: In seinem Fleisch, *inkarniert* sich das Nackte. Daher kommt seine Einbruchskraft. Noch steht es unter dem nahen Einfluss des Sinnlichen und schon wird es fern, auf einen idealen Schauplatz emporgezogen. Aus diesem Grund ist das Nackte so oft mythologisch: *Das Urteil des Paris, Der Triumph der Galatea, Io, Atalante und Hippomenes, Samson* (die Philister erschlagend) ... Oder, einem anderen Register folgend: Adam und Eva, die *Pietà*, das Jüngste Gericht ... Wenn Canova Napoleon nackt darstellt, geht es nicht mehr um das Individuum, sondern um die absolute Gestalt (des Kriegs und des Heldentums); seine Schwester, nackt dargestellt, ist die *Venus victrix*. Wenn man dagegen in China keine Nackten gemalt oder in Stein gehauen hat, so hat das letztlich einen »theoretischen Grund«: Die Chinesen haben keine konsistente Ebene der Wesenheiten ›gedacht‹ – losgelöst und ins Leben gerufen – und ihre Vorstellung hat insofern keinen Gefallen an diesen *Wesensinkarnationen* gefunden, die bei uns die mythologischen Figuren sind. Die chinesische Sprache abstrahiert, aber im Gegenzug personifiziert sie nicht. Die gelehrte Kunst bedeutet über Umwege, aber ohne zu allegorisieren.

Ich habe oben auf den Begriff der *Prägnanz* zurückgegriffen, um die Kunst der gelehrten chinesischen Maler zu beschreiben. Unter Prägnanz verstehe ich die Fähigkeit einer Immanenz – ganz gleich, ob deren Grund der ununterschiedene Grund der Formen oder der Intentionalität ist – zur Emanation. Die »E-manation« ist, wie das Wort sagt, das Hervorkommen der Dinge aus ihrer natürlichen Quelle. Indem der Maler (der Dichter) diese unbegrenzt auf ein »Jenseits« gerichtete Quelle in ihrer Entwicklungsfähigkeit belässt, beschreibt er eine *Emanenz*, die »unerschöpflich« (*wu qiong*) ist, auf einem fortlaufenden Interaktionsprozess beruht und im steten

Übergang zwischen dem »Da« und dem »Nicht da« nicht im eigentlichen Sinne »ästhetisch« genannt werden kann. Denn sie verwirklicht sich weder auf einer reinen Empfindungsebene noch über die »Intelligibilität«.

Erinnern wir uns daran, wenn wir am Ende der Reise nach Hause zurückkehren. Es gilt dem Nackten seine Fremdheit wiederzugeben. Denn man kann immerhin noch reisen: der Akt und der *Anti-Akt* könnten nicht im gleichen Museum wohnen. Und zwar trotz aller Brücken, welche das Vereinheitlichungsunternehmen der Philosophie, und sei es die Hegelsche, unaufhörlich zwischen dem »Schönen« und dem »Geist« baut. Das Nackte ist nicht alltäglich; und aus welch engem Zwischenraum konnte es sich emporschwingen! Zwischen einer Schamreaktion, die zum Schweigen zu bringen ihm niemals ganz gelingen kann, deren Negativität es aber durch die Pose zu blockieren vermag (wobei es sich dann in eine geistige Einbruchskraft wandelt), und auf der anderen Seite dem Ruf des Fleisches, dessen Lockung niemals ganz vergessen ist, den es aber im Streben nach dem Wesen zu übertreffen zwingt – dazwischen also öffnet das Nackte einen Raum, in dem die Schönheit durch ihre Kraft der Formvergegenständlichung triumphiert. Zwischen Begehren und Abstoßung schwebend bzw. diese aufhebend und in ihrer Polarität neutralisierend, mit allen Eingeständnissen brechend, die es dem einen oder anderen zuneigen ließe, und sich aus dem Hintergrund der Welt herausschneidend, *offenbart* sich das Nackte dem Blick. Dem Blick des Auges und dem des Geistes. Aus diesem Grunde zwingt es, insofern es aus einer Spalte hervorkommt, die seine Enthüllung erzeugt, die *Präsenz* auf. Und aus ihrem Aufstieg von der Empfindung zur intelligiblen Form erzeugt es einen Effekt der *E-videnz*. Der Mensch erhält hier die Kraft, sich selbst in einem – isolierenden – *Sosein* der Wahrnehmung zu erscheinen. Sie umgehende oder wieder verdeckende Zurückhaltungen nehmen ein Ende. Der Mensch hält ein, um sich zu betrachten. Er erkennt sich im Nackten wieder, jedoch nicht mehr als ein besonderes, im unbestimmten Verlauf der Welt verfangenes Seiendes, sondern insofern er am »Sein« teilhat, insofern er in seinem Sein als »Mensch« bestimmt ist. Das Nackte ist ein solcher Kraftakt.

Zitierte Literatur

Alberti, Leon Battista: *Kleinere kunsttheoretische Schriften*, im Originaltext herausgegeben, übersetzt, erläutert, mit einer Einleitung und Excursen versehen von Hubert Janitschek, Wien, 1877.
Aristoteles: *Metaphysik*, übersetzt von Hermann Bonitz, herausgegeben von Ursula Wolf, Reinbek, 1994.
Augustinus: *Bekenntnisse (Confessiones)*, eingeleitet, übersetzt und erläutert von Joseph Bernhart, Frankfurt, 1987.
Augustinus: *Vom Gottesstaat*, aus dem Lateinischen übertragen von Wilhelm Thimme, eingeleitet und kommentiert von Carl Andresen, 2 Bände, München, 1978.
Baudelaire, Charles: *Les Fleurs du Mal / Die Blumen des Bösen*, übersetzt von Monika Fahrenbach-Wachendorff, Stuttgart, 1980.
Bush, Susan: *The Chinese Literati on Painting.* Cambridge, 1971.
Clark, Kenneth: *The Nude: A Study in Ideal Form.* Princeton, 1956.
Descartes, René: *Meditationen über die Grundlagen der Philosophie mit den sämtlichen Einwänden und Erwiderungen*, übersetzt und herausgegeben von Artur Buchenau, Hamburg, 1972.
Diény, Jean-Pierre: *Portrait anecdotique d'un gentilhomme chinois. Xie An 320 - 385) d'après le «Shishuo xinyu».* Paris, 1993.
Dschuang Dsï. Das wahre Buch vom südlichen Blütenland, aus dem Chinesischen verdeutscht und erläutert von Richard Wilhelm, Jena, 1940.
Galenus: *Über die Verschiedenheit der homoiomeren Körperteile*, herausgegeben, übersetzt und erläutert von Gotthard Strohmaier, Berlin, 1970.
Guo Ruoxu: *Notes sur ce que j'ai vu et entendu en peinture*, aus dem Chinesischen übersetzt und erläutert von Yolaine Escande, Brüssel, 1994.
Hegel, Georg Wilhelm Friedrich: *Vorlesungen über Ästhetik II. Werke 14*, herausgegeben von Eva Moldenhauer und Karl Markus Michel, Frankfurt, 1986.
Heidegger, Martin: *Sein und Zeit.* Tübingen, 1986.
I Ging. Das Buch der Wandlungen, aus dem Chinesischen übertragen und herausgegeben von Richard Wilhelm, Köln, 1982.
Jullien, François: *Figures de l'immanence. Pour une lecture du Yiking, le ›Classique du Changement‹.* Paris, 1993.

Jullien, François: *Le Détour et l'Accès. Stratégies du sens en Chine, en Grèce*. Paris, 1995.

Jullien, François: *Fonder la Morale. Dialogue de Mencius avec un philosophe des Lumières*. Paris, 1995.

Jullien, François: *Traité de l'efficacité*. Paris, 1997.

Jullien, François: *Über die Wirksamkeit*, aus dem Französischen von Gabriele Ricke und Ronald Voullié, Berlin, 1999.

Jullien, François: *Über das Fade. Eine Eloge. Zu Denken und Ästhetik in China*, aus dem Französischen von Andreas Hiepko und Joachim Kurtz, Berlin, 1999.

Jullien, François: *Umweg und Zugang. Strategien des Sinns in China und Griechenland*, aus dem Französischen von Markus Sedlaczek, Wien, 2000.

Kant, Immanuel: *Kritik der Urteilskraft. Werkausgabe, Band X*, herausgegeben von Wilhelm Weischedel, Frankfurt, 1974.

Konfuzius: *Gespräche (Lun-Yu)*, aus dem Chinesischen übersetzt und herausgegeben von Ralf Moritz, Köln, 1988.

Laotse: *Tao-te-king. Das Buch von Sinn und Leben*, übersetzt und mit einem Kommentar versehen von Richard Wilhelm, München, 1978.

Leonardo da Vinci: *Traktat von der Malerei*. Nach der Übersetzung von Heinrich Ludwig neu herausgegeben und eingeleitet von Marie Herzfeld, Jena, 1909.

Mong Dsï (Mencius): *Die Lehrgespräche des Meisters Meng K'o*, aus dem Chinesischen übertragen und erläutert von Richard Wilhelm, Köln, 1982.

Needham, Joseph: *Wissenschaft und Zivilisation in China*, übersetzt von Rainer Herbster, Frankfurt, 1984.

Platon: *Sämtliche Werke*, übersetzt von Friedrich Schleiermacher, herausgegeben von Ursula Wolf, Reinbek, 1994.

Plotins Schriften, Neubearbeitung mit griechischem Lesetext und Anmerkungen, übersetzt von Richard Harder (u. a.), Hamburg, 1956-1971.

Porkert, Manfred: *Die theoretischen Grundlagen der chinesischen Medizin*. Frankfurt, 1984.

Ryckmans, Pierre: *Les ›Propos sur la peinture‹ de Shitao*. Brüssel, 1970.

Schelling, Friedrich Wilhelm Joseph von: *Philosophie der Kunst*. Nachdruck der aus dem handschriftlichen Nachlaß herausgegebenen Ausgabe (Eßlingen, 1859). Darmstadt, 1976.

Steuben, Hans von: *Der Kanon des Polyklet. Doryphoros und Amazone*. Tübingen, 1973.

Sullivan, Michael: *The Meeting of Eastern and Western Art*. Berkeley, 1989.

Wagner, Rudolf: *The Craft of a Chinese Commentator. Wang Bi on the Laozi*. Albany, 2000.

Wang Bi: *Ji jiaoshi*. Peking, Zhonghua shuju, 1980.
Wang Gai und Li Liu-fang: *Der Senfkorngarten. Lehrbuch der chinesischen Malerei*, übersetzt von Angelika Obletter und Emilie Sun-Maden, herausgegeben von Hans Daucher (u. a.), Ravensburg, 1987.
Zhongguo hualun leibian, herausgegeben von Yu Jianhua, Hong Kong, Zhonghua shuju, 1973.

Hinweise zu den Abbildungen

S. 71: Das Grab des Xishanqiao, Nanjing (Ausschnitt), Audrey Spiro; S. 74: Qiu Ying, aus: *Rêves de printemps, l'art érotique en Chine*, Ph. Picquier, Arles, 1998, S. 52-53; S. 76: Zaho Mengfu: *Ruhende Pferde*, The Art Museum, Princeton University; S. 77: Huang Quan: *Tierbilder*; S. 84, 93, 107, 150, 151, 166: Tafeln aus *Jardin du grain de moutarde*, dt.: *Der Senfkorngarten, Lehrbuch der chinesischen Malerei*. Die Tafeln S. 78, 95 stammen aus: »Das Buch der Berge und Steine«, in: Wang und Li: *Der Senfkorngarten*, a.a.O., Band 1, S. 189 (Tafel S. 89), bzw. ebd., S. 237 (Tafel, S. 78). Die anderen Tafeln stammen aus der Sektion *xenwu*. S. 89, 109: Tafeln zur Akupunktur, Bibliotheque Nationale de France; S. 69: Micheangelo: Entwurf zu: *Die Erschaffung Adams*, The British Museum, London; S. 86 f., 164: Ausschnitte aus: Leonardo da Vinci: *Traktat von der Malerei*, hrsg. von Marie Herzfeld, Eugen Diederichs, Jena 1909; S. 97: Zeus vom Kap Artemision, Nationalmuseum für Archäologie, Athen; S. 102: Liang Kai: Ein Weiser, Palastmuseum Taipei; S. 91: Su Donpo: *Alter Baum und seltsamer Felsen*; S. 110: Ni Zan, aus: *Platane, Bambus, Felsen*; S. 136, 137: Albrecht Dürer: *Adam*, Albertina, Wien; S. 157: Sandro Boticelli: Die Verleumdung, Uffizien, Florenz; S. 184: Michelangelo: *Die Erschaffung Adams*, Sixtinische Kapelle, Scala; S. 191: Sandro Botichelli: *Die Geburt der Venus*, Uffizien, Florenz.